高等职业学校"十四五"规划财经商贸类精品教材

总主编◎谭　欣　陈月明

BUSINESS

促销策略实战训练手册（活页式）

ECONOMICS

PROMOTION STRATEGY COMBAT TRAINING MANUAL

主　编　蒙柳翠　余　球
参　编　邓孟琪　蒙莉丝　陆　鑫　刘祯欣

华中科技大学出版社
http://press.hust.edu.cn
中国·武汉

内 容 提 要

本教材旨在培养高素质数字化促销策划技术技能营销类人才，内容涵盖广告策划、销售促进活动策划、促销公共关系策划等，强调校企合作、项目实战和创新编写理念。通过具体案例，指导学生掌握促销策划的关键环节和实操技巧，以适应数字经济时代的营销需求。教材结构清晰，提供丰富的实战训练任务和知识链接，适合职业院校市场营销专业及相关专业学生学习使用。

图书在版编目（CIP）数据

促销策略实战训练手册：活页式／蒙柳翠，余球主编. -- 武汉：华中科技大学出版社，2024.8. --（高等职业学校"十四五"规划财经商贸类精品教材）. -- ISBN 978-7-5772-1168-8

Ⅰ. F713.3

中国国家版本馆 CIP 数据核字第 2024076MJ4 号

促销策略实战训练手册（活页式）　　　　　　　　　　　　　　　蒙柳翠　余　球　主编
Cuxiao Celüe Shizhan Xunlian Shouce（Huoyeshi）

策划编辑：王　乾

责任编辑：王　乾

封面设计：原色设计

责任校对：李　弋

责任监印：周治超

出版发行：华中科技大学出版社（中国·武汉）　　　　电话：（027）81321913
　　　　　武汉市东湖新技术开发区华工科技园　　　　　邮编：430223

录　　排：孙雅丽

印　　刷：武汉科源印刷设计有限公司

开　　本：787mm×1092mm　1/16

印　　张：11.5

字　　数：228千字

版　　次：2024年8月第1版第1次印刷

定　　价：59.80元

高等职业学校"十四五"规划财经商贸类精品教材
编　委　会

总主编：

谭　欣　　陈月明

编委（排名不分先后）：

余　球　　蒙柳翠　　周　茵　　胡志仁　　刘轶宏　　王　恬　　韦晓霞

蒙莉丝　　王晓娟　　王冬云　　袁晓夏　　邓孟琪　　宋　军　　阎惠全

韦孟颖　　李旻珺　　张　丹　　罗燕秋　　林翔君　　张云霞　　李振书

周朝友　　刘霖涛　　江洪建　　朱晋晋　　朱晓茜

总 序

当前,世界经济正向数字化和信息化转变。在数字经济的变革中,企业面临着从生产制造、供应链、市场营销到内部管理等多方面的数字化升级。营销的数字化转型是企业数字化升级的重要突破口,能够快速、可量化地促进业务增长,有效满足企业拓展客户群体、增加收入的核心需求。因此,数字化营销人才正逐渐成为企业竞相争夺的热门人才资源。

为了更好地培养德智体美劳全面发展,掌握扎实营销基础知识,具备市场战略分析、数字活动策划、互联网运营、全渠道营销等能力的高素质数字化营销技术技能人才,华中科技大学出版社与柳州职业技术大学合作,精心组织了一支由职业院校营销教学领域资深教授、学科带头人、具备丰富实践经验的"双师型"一线骨干教师以及市场营销、电子商务、网络营销等行业专家构成的精英编审与编写团队,共同参与"高等职业学校'十四五'规划财经商贸类精品教材"的编撰工作。

本套教材根据"十四五"期间高等职业教育发展要求,坚持三大方向,打造"项目实战型"特色教材。

(一)校企双元开发,凸显书证融通

系列教材以开设"市场营销""电子商务""网络营销与直播电商"等专业的高职院校为核心,校企双元开发,紧跟行业新变化,对接岗位标准和职业技能证书标准,吸纳新知识、新技能,体现职业教育"1+X"证书特色。

(二)企业项目实战,厚植思政根基

教材内容打破传统学科体系、知识本位理念,以工作过程为导向,以企业真实项目、典型工作任务、案例等为载体组织教学单元,突出应用性与实践性,同时贯彻落实党的二十大精神,深挖思政元素,有机融入思政教育和德育内容,做到德技双修。

(三)创新编写理念,编制融合教材

编者以纸数一体化为编写理念,依托华中科技大学出版社自主研发的华中出版资源服务平台,强化纸质教材与数字化资源的有机融合,配套教学课件、案例库、习题集、视频库等教学资源,同时根据课程特点,有选择性地开发活页式、工作手册式等新形态教材,以符合技能人才成长规律和学生认知特点。

　　期待这套凝聚高职院校一线骨干教师和营销行业精英智慧的教材，能够为"十四五"时期高职高专和职业本科财经商贸类专业的人才培养发挥应有的作用！

总主编

前　言　▶

　　促销是现代市场营销策略中使用较为广泛的拓展市场、吸引顾客、提振销售的手段之一。通过促销策划制定的营销活动对激励消费者购买行为，加深品牌渗透度、促进销售、增加营业额、提升企业知名度等方面起着至关重要的作用。

　　本教材在编写过程中依据了企业在促销策划技能训练和营销策划技能训练方面的背景材料，并融入企业促销真实项目，以方便教师指导学生开展促销策略技能训练。教材以企业促销方案制定（策划）过程及方法为线索，以"广告策划→销售促进活动策划→促销公共关系策划"为逻辑路径，以地方特色产业——螺蛳粉为载体，将碎片化的知识点和技能点进行了系统化设计，构建起工作项目化的实训内容体系，涵盖三大工作项目，九大工作任务，学习内容由浅入深，理论与实践高度结合。

　　本教材由校企双元编写，编写团队结构合理。团队中既包括拥有十余年促销项目实战经验的老师，也包括营销领域的企业专家。教材由柳州职业技术大学蒙柳翠、余球担任主编，邓孟琪、蒙莉丝、陆鑫、刘祯欣参编。

　　具体编写分工如下：蒙柳翠、蒙莉丝、陆鑫共同编写工作项目一，蒙柳翠负责统稿；蒙柳翠、余球编写工作项目二；蒙莉丝、邓孟琪、刘祯欣共同编写工作项目三。广西中柳食品科技有限公司营销中心周朝友先生为本教材提供了宝贵的建议，在此表示感谢！

　　在编写过程中，团队参考了部分国内外专家学者的研究成果和相关文献、教材，并得到华中科技大学出版社及本教材策划编辑王乾老师的大力支持和帮助，在此一并表示感谢。

　　本教材既可作为职业院校市场营销专业及相关专业的教学配套用书，也可作为相关企业人员自学和培训用书。

目　录 ▶

Contents

工作项目一
广告策划

项目目标

● 知识目标

1. 了解广告策划包括的主要工作内容。

2. 掌握广告策划中涵盖的广告调查研究、广告主题与创意策划、广告文案策划、广告媒介策划四项主要工作的相关知识和实操技巧。

● 能力目标

1. 能根据广告主题、创意、文案、媒介等方面的具体策划要求撰写广告活动策划书。

2. 能展示说明各项广告活动策划方案。

● 素养目标

1. 养成良好的思维习惯,培养创新意识,培养学习者的团队合作精神。

2. 使学习者具有团队合作能力、沟通能力、创新能力,提升学习者的工作主动性,使其具备工作责任感、法律意识和服务意识。

3. 塑造诚信的个人品格,深刻理解并践行职业道德与社会公德,以合法合规的经营理念严格自律。

项目准备

● 情景导入

在中秋佳节到来之际,广西壮族自治区柳州市的一家螺蛳粉生产企业计划向市场推出他们新开发的产品——"柳新"螺蛳粉月饼。从外观上看,这款螺蛳粉月饼与常见的月饼并无二致,采用的都是传统的月饼皮,但不同之处在于,螺蛳粉月饼的馅料是由螺蛳肉、酸笋、米粉、豆角等螺蛳粉食材制作而成的。

为了让市场能尽快地认识并接受这款跨圈新产品,再续该公司网红螺蛳粉的营销盛况,公司决定先在本地市场开展广告促销活动,短时间内迅速提高产品的知名度和认知度,使这款螺蛳粉月饼能够迅速进入市场,并在节前形成一个销售高峰,实现公司的营销目标。

如果你是这家公司负责市场推广的经理,公司要求你制定一份新品上市的广告活动策划书,那么你应该如何完成这项任务呢?

项目描述

广告策划是促销策划中的一个重要的工作项目,其是指在广告调查的基础上对企业广告活动的整个过程进行事前性和全局性的谋划与决策。

广告策划的工作任务主要包括广告调查研究、广告目标确定、广告对象确定、广告主题与创意策划、广告文案策划、广告媒介策划、广告预算七项工作。

一、广告调查研究

广告调查研究是进行广告策划的基础和依据,主要针对包括广告环境(政治和法律环境、经济环境、社会文化环境)、消费者、广告产品、竞品分析、竞争对手广告分析、与竞争对手的定位策略比较、本产品的定位策略设计等方面的调查与分析。其工作流程包括明确调查目的、制定调查方案、设计调查问卷、整理分析调查结果、撰写调查报告。

二、广告目标确立

一般情况下,广告策划的目标是提升产品销量,提高企业和产品的知名度,改善品牌在公众中的印象,提高用户忠诚度等。

三、广告对象确定

广告对象是指那些广告活动旨在影响其认知、态度或行为,以实现特定广告目的的特定人群。这些人群可能基于年龄、性别、地理位置、兴趣、购买习惯等特征被细分,以便广告能够更有效地传达信息并激发预期的市场反响。

四、广告主题与创意策划

广告主题与创意策划构成了广告策划活动的核心。在此阶段,关键任务包括深入理解广告主题与策划的基本概念,掌握广告主题策划的关键要素和设计标准,了解广告创意的生成流程和策略。此外,培养创新思维同样至关重要,它能够协助营销团队根据广告主题设计出有效的推广方案和创意广告,进而为企业打造引人入胜的促销主题和广告内容。

五、广告文案策划

广告文案策划涉及根据企业的营销目标,巧妙地运用语言和文字,对广告的标题、正文、口号和附文等四个主要部分进行创造性的表达。这一过程要求文案既要精确规范,又要简洁明了,同时富有生动性和形象性。

六、广告媒介策划

广告媒介策划是在广告发布前对媒介选择、组合、传播时机、目标和效果进行细致规划的过程。这一策划旨在确保广告信息能够高效地触达目标受众,从而实现企业广告目标和策略。通过全面规划媒介策略,企业的广告传播将保持一致性、有序性和持续性,确保各项媒介活动与广告的核心方向和目标保持一致。

七、广告预算

广告预算是企业的广告部门对广告活动所需的经费的计划和匡算,它规定了广告计划期内开展的广告活动所需的费用总额,以及经费的使用范围和使用方法。

在这七项工作中,广告调查研究是广告策划的基础性工作,广告主题与创意策划、广告文案策划、广告媒介策划则是广告策划的三大重要工作任务,本教材将主要就这四个方面的工作内容进行学习和实战训练。

思维导图

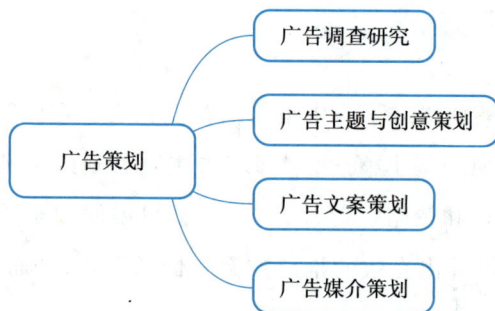

项目成果

1. "柳新"螺蛳粉上市广告策划调查报告。
2. "柳新"螺蛳粉上市主题及创意策划书。
3. "柳新"螺蛳粉上市产品广告文案策划书。
4. "柳新"螺蛳粉上市产品广告媒介策划书。

实战训练任务1
广告调查研究

任务分析

　　广告调查是指企业为了有效地开展广告活动,利用科学的调查、分析方法,对与广告活动有关的资料进行系统的收集、整理、分析和评价,以期获取真实、可靠和具有权威性、客观性的第一手材料。广告调查是整个广告活动的基础,也是广告策划和实施的重要一环,贯穿产品营销的全过程。

一、广告调查的主要内容

（一）市场调查

1. 影响市场需求因素调查

　　市场需求的影响因素是多方面的,比如,经济因素会直接影响到市场消费者的消费方式和消费结构;社会文化因素,包括观念、信仰、习惯与审美旨趣等,也对市场的需求产生影响。

2. 市场供求关系与市场容量调查

　　市场供求关系调查的内容主要包括以下三点。

　　（1）消费者总量及其构成、人均收入水平、每个家庭的平均收入、平均工资水平、消费水平、消费结构及其变化。

　　（2）消费者对具体产品的需求情况与新的消费需求增长的情况,主要包括社会拥有量、购买频率、主要购买者、市场潜在需求量以及对产品的评价内容。

　　（3）社会集团与生产方面的需求及各种影响因素。

　　此外,市场调查还应包括关于市场容量方面的调查。所谓市场容量,是指在不考虑产品价格或供应商的前提下,市场在一定时期内能够吸纳某种产品或劳务的单位数目。没有市场容量的商品生产,是不能实现最终交易的生产。

3. 市场竞争性调查

　　在市场竞争性调查中,需要查明市场竞争的结构和变化趋势,主要竞争对手的情况,并预估本企业产品竞争成功的可能性。具体而言,调查内容包括生产、经营同类产品的竞争者数量、规模、市场占有率及其变化特点;关于竞争对手的消费者评价;竞争者的销售渠道选择的方式;各竞争者所使用的广告类型与广告支出,等等。

（二）产品调查

在有限的广告时间里,要想把产品的优点等主要信息传达给消费者,引起消费者的兴趣,激起他们的购买欲望,就必须在开始广告创作之前进行详细的产品调查。

一是要对产品本身进行调查,如产品的类别、规格、性能、包装、色彩、风格等。二是要对产品的销售状况进行调查,如产品的日销售额、月销售额、年销售额、不同地区的销售额,以及同类产品在市场上的占有率和销售指数、竞争力、产品销售过程中的市场表现和获奖情况等。

进行深入的产品调查是至关重要的,因为它可以为广告创意人员提供实际的资料和数据。这不仅能够帮助广告创意人员深入挖掘产品的独特优势,而且可以确保广告宣传内容的真实性和可信度。通过这种方式,广告能够更有效地与目标受众产生沟通,为其传递产品的真实价值。

（三）消费者调查

消费者的主要信息一般包括消费者的性别、年龄、民族、职业、文化程度、婚姻状况、家庭情况、收入水平和消费水平等。因此,在广告活动开展之前,应通过综合调查了解消费者的主要信息情况,进而分析消费者的消费构成、消费投向及其变化规律。具体而言,调查内容包括消费者购买动机和消费心理调查、消费者态度调查,以及消费者购买行为模式调查。

1. 消费者购买动机和消费心理调查

消费者购买动机的调查研究是市场营销中的关键环节,它专注于深入理解消费者背后的购买驱动力。在广告宣传、产品设计和经营管理等各个环节,都应将消费者的需求和期望置于核心位置。了解消费者期望的产品特性、消费者的心理预期以及消费行为背后的深层原因至关重要。

不同的消费者群体有着不同的消费心理需求,这些需求催生了多样化的购买动机。通过精准洞察这些动机,企业可以更有效地制定市场策略,设计符合消费者需求的产品,并开展有针对性的广告活动。这种以消费者为中心的调查方法能够促进品牌与消费者之间产生情感共鸣,从而提升企业市场竞争力和取得更好的销售效果。

2. 消费者态度调查

消费者的态度是影响其购买决策的重要因素,对企业而言,培养消费者对自身产品持积极正面的态度至关重要,这有助于提高消费者对品牌的忠诚度。在开展广告活动前,企业必须先通过市场调查来掌握消费者对产品的看法和情感趋向。了解消费者的当前态度,可以为企业提供洞见,以便通过调整广告宣传策略有效地引导和塑造消费者的感知。

3.消费者购买行为模式调查

消费者购买行为模式调查主要内容包括对购买的地点、方式、数量、品牌偏好、包装要求等的调查,这些信息对于企业选择广告的诉求重点、确定广告的发布时机、选择广告的媒介都是极为重要的。

(四)媒介调查

媒介调查是指对各种广告传播媒介的特征、效能、经营情况、覆盖面、收费标准进行的调查。通过媒介调查,企业可以为广告活动制定科学合理的媒介策略,使各类广告媒介间互相取长补短,从而通过恰如其分的媒介组合策略取得更佳的广告效果。

二、广告调查的步骤

广告调查的步骤如图1-1所示。

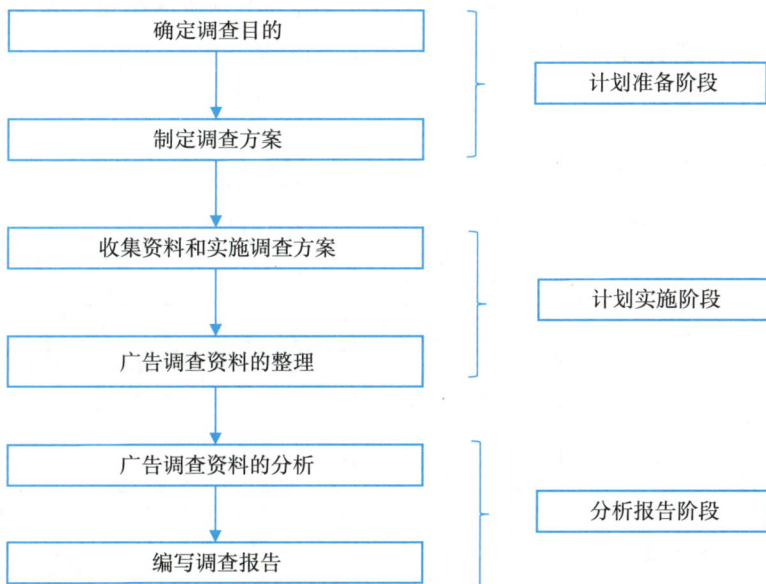

图1-1 广告调查的步骤

(一)确定调查目的

(1)提前了解市场状况,为企业新品入市做好准备。

(2)为后续制定新品入市促销策略提供基础市场导向。

(3)为构思新品入市广告创意和设计提供相关依据。

（二）制定调查方案

制定广告调查方案是一项既细致又复杂的工作，它要求企业在明确调查目标后，制定出详尽且可执行的计划。调查方案的内容一般包括设定调查对象、确定调查途径和地点、做好时间安排、确定调查方法、设计问卷等。

1. 设定调查对象

需要清晰地定义调查的对象和最终的调查目标，并提出基本要求。

2. 确定调查途径和地点

调查途径可分为线上、线下两种。

（1）线上途径。常见的线上途径包括借助搜索引擎调查，比如百度、360、搜狗等；借助企业网站调查，包括门户网站，比如网易、新浪等；借助主流社交平台调查，比如微信、QQ、知乎、小红书等；通过发布调查问卷或者调查统计，邀请线上用户或注册会员参与调查，汇总结果，最终实现调查目的。

（2）线下途径。实地调查是较为常见的线下调查方式，一般需要指定某一地区（如某人群密集的商场、小区、超市等），然后制作调查问卷，通过人工收集的方法，鼓励和引导对象参与调查，最终将收集的结果汇总，得出调研的结论。常见的线下调查方法除了实地调查外，还有访谈调查法、询问调查法等。

3. 做好时间安排

可以通过制作时间安排表列出具体的调查阶段、任务节点和时间安排，从而使时间安排得更为明晰，如表1-1所示。

表1-1　时间安排表

调查阶段	任务节点	时间安排

4. 确定调查方法

广告调查方法是指广告调查人员收集各种广告信息材料时所使用的途径和方法。广告调查方法有很多，企业要依据调查目的、调查内容和调查对象来加以选择和利用。

广告调查方法按资料来源划分，可分为二手资料调查和原始资料调查两种；按选择调查对象的不同，可以分为全面调查、典型调查和抽样调查三种；按调查语言方式，可分为问卷调查和访问调查两种。

5.设计问卷

问卷调查法是根据调查目的,以书面形式简洁地收集研究材料的一种调查手段,是较为常用的一种市场调查方法,即以书面形式给出一系列与所要调查的主题相关的问题,让被调查者做出回答,调查者通过对问题答案的回收、整理、分析,来获取有关信息。问卷的设计要点后文会具体介绍。

(三) 收集资料和实施调查方案

调查人员业务培训是收集资料和实施调查方案的核心工作。

1.调查内容与目标

调查人员需要深入理解本次调查的核心内容、目标、意义及其在项目中的关键作用。

2.调查对象选择

调查人员应熟悉如何根据调查计划,精准挑选合适的调查对象,确保数据的代表性和有效性。

3.调查时机与地点

调查人员需学会选择适宜的调查时机和地点,同时掌握如何根据具体情况灵活调整调查方法。

4.访问技巧

调查人员应掌握有效的沟通技巧,以促进与调查对象的良好互动,确保调查的顺利进行。

5.询问与问题处理

调查人员需要掌握各种询问技巧,并具备处理调查过程中可能出现的特殊情况的能力。

6.人员分工与安排

明确每位调查人员的职责和任务,确保调查工作有序且高效地开展。

在调查准备阶段,除了需要对调查人员进行相关培训外,也需要对可能会遇到的一些特殊情况进行准备,比如环境变化(调查地点的自然或社会环境出现变化)、政策变化(相关政策或法规的更新可能影响调查的进行)、调查对象不配合(受访者可能因各种原因拒绝参与或提供信息)等。面对这些情况,企业应要求调查人员及时反馈信息(迅速将问题反馈至项目团队,确保信息的实时更新)、灵活调整工作计划(根据反馈情况,应及时评估并调整调查策略和工作计划)、做好风险管理(采取措施降低特殊情况对整体调查工作的影响,确保调查目标的实现)。

（四）广告调查资料的整理

在广告调查的计划实施阶段,对收集到的广告调查资料进行整理是一个重要环节,它可以帮助分析人员更有效地分析数据,进而得出有价值的结论。

广告调查资料整理的具体步骤包括以下六点。

1. 数据清洗

检查数据的完整性和准确性,剔除无效或错误的数据。

2. 数据分类

根据调查目的,将数据分类,比如按照遴选广告类型、广告投放渠道,以及甄别目标受众群体等不同的调查目的对数据进行分类。

3. 数据编码

将定性数据转换为定量数据,例如,将开放性问题的回答转换为可以量化的代码。

4. 数据录入

将数据输入到数据库或统计软件中,确保数据的准确性。

5. 数据验证

对录入的数据进行验证,确保没有录入错误。

6. 数据汇总

对数据进行汇总,计算总和、平均数、百分比等统计指标。

（五）广告调查资料的分析

在收集到调研信息后,需要对资料进行分析,包括资料整理和统计、分析所获取的资料、统计结果,最后得出结论。

（六）编写调查报告

广告调查报告一般由标题、目录、调查过程概述、调查结果分析、结论,以及建议等几个部分组成。其中,调查过程概述包含三方面内容:调查背景和目标;调查对象和调查内容;调查的方法、样本回收及有效性情况。调查结果分析、结论部分是调查报告的最主要内容,其核心是分析由调查研究材料得出的各种观点和基本结论。在最后的建议部分,则可以提出自己的观点或发现的问题,为后续促销策略的制定提供支撑。

知识链接：广告调查法

广告调查法的调查资料根据来源不同,可分为二手资料和原始资料(见图1-2),针对不同资料适用的调查方法也不同。这里主要介绍资料来源为二手资料的文献调查法,以及资料来源为原始资料的访问法,并简要介绍调查问卷设计的一些要点。

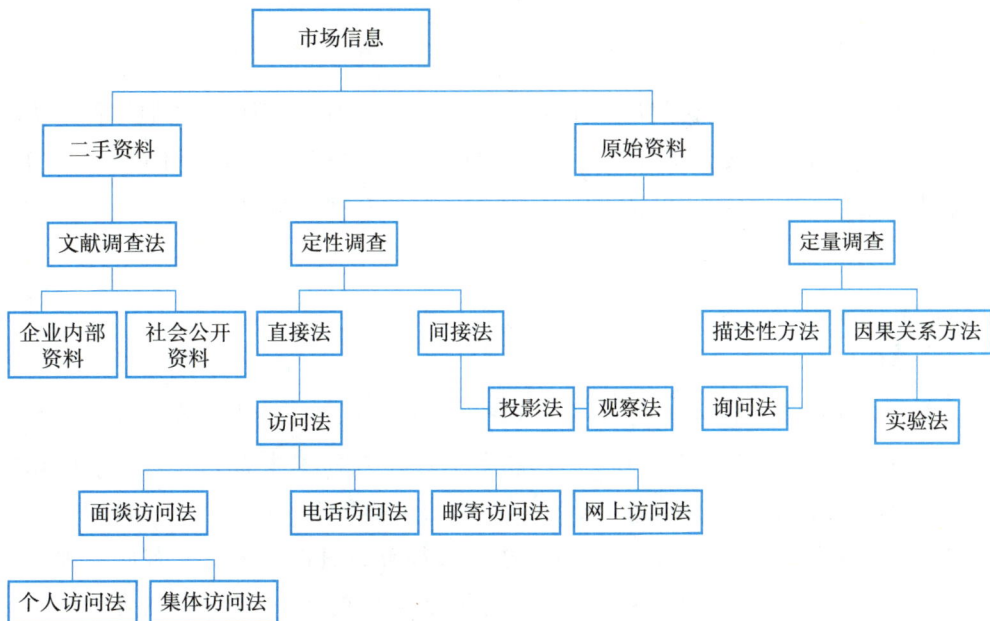

图1-2　广告调查法解构图

一、文献调查法和访问法

(一)文献调查法

文献调查法主要通过收集和分析已有的文献资料来获取信息和数据,是二手资料调查法的一种形式。例如,通过查询《中国统计年鉴》《中国人口普查年鉴》《中国城市统计年鉴》等,就可以获取有关人口分布、年龄结构、职业构成、收入状况等数据。

文献调查法能够为企业节省时间和费用,这种调查法可以通过已有资料获得一些必要的信息,进而为实地调查打下基础。文献调查法的资料来源主要有两种:企业内部资料和社会公开资料。

1.企业内部资料

企业内部资料包括企业的历史记录、客户名单、历年销售记录、市场报告、客户函电等,调查人员可以从这些资料中找到有用的信息并加以利用。

2.社会公开资料

信息资料的获取可以通过多种社会公开渠道实现。例如公共图书馆,尤其是经贸领域的图书馆,是获取市场背景和基本情况资料的宝贵资源。此外,政府机构也是信息的重要来源,包括统计部门、工商行政管理部门、税务部门、专业委员会和工业主管部门等,这些机构能够提供丰富的相关统计数据。

（二）访问法

与文献调查法不同,访问法属于原始资料调查法中的定性调查法的一种。访问法是用访问的方式收集信息资料的一种调查方法。根据访问方式的不同,访问的方法又可以分为面谈访问法、电话访问法、邮寄访问法和网上访问法。

1.面谈访问法

面谈访问法分为个人访问法和集体访问法。

（1）个人访问法。

个人访问法是一种针对个别调查对象进行的一对一的调查方式。这种访问可以在顾客的家中、办公室或街头等不同场合进行。例如,化妆品销售人员可以在化妆品柜台前,通过面谈了解女性顾客对化妆品的偏好和购买习惯。个人访问法的优点包括拥有较高的问卷回收率,以及调查人员能够通过深入提问来获取详细信息等。然而,这种方法也存在一些缺点,如成本较高、耗时较长,并且受访者的回答可能受到调查人员个人特质的影响等。

（2）集体访问法。

集体访问法是一种在特定场合进行的调查方法,它涉及向一组受访者同时分发问卷,并要求他们在规定的时间内完成回答。完成后,调查人员会立即收回问卷。此外,这种方法也可以是邀请一组消费者参与数小时的讨论,探讨产品或广告的效果等话题。这种讨论通常由具备专业素质的主持人引导,目的是深入挖掘消费者对产品或广告的看法、感受和心理反应。

2.电话访问法

电话访问法是一种通过电话与受访者进行交流的调查方法。调查人员会根据预先确定的样本名单,通过电话向受访者提出问题,以收集企业所需信息。企业通常会设计专门的电话问卷,并由经过精心挑选和培训的调查人员来执行电话访问任务。这种方法具有操作简便、响应迅速以及成本较低的优点。然而,由于通信设备的限制,电话访问通常限于提出一些简单直接的问题。

例如,某汽车公司会通过电话访问购车消费者,以了解他们的购买习惯和获取信息的途径。通过这些信息,企业可以进一步优化其广告策略,以更好地满足市场需求。

3.邮寄访问法

邮寄访问法是一种通过邮寄方式分发和回收调查问卷的资料收集方法。调查人员将精心设计的问卷或表格寄送给选定的受访者,并请他们在填写完毕后将问卷或表格寄回。这种方法的优点在于能够覆盖广泛的样本群体,并且成本较低。受访者可以在不受时间压力的情况下,仔细思考并回答问卷或表格中的问题。

然而,邮寄访问法也存在一些局限性。第一,问卷的回收率可能较低,这意味着不是所有发出的问卷都能得到回应。第二,由于邮寄和填写问卷需要一定的时间,回收过程可能会比较长,导致收集到的信息在一定程度上缺乏时效性。这些弊端需要在设计调查问卷和分析数据时予以考虑。

4.网上访问法

网上访问法是一种利用互联网技术进行广告调研的方法。它可以通过多种方式实施,包括网络问卷、电子邮件调查、在线小组讨论、在线调查点击追踪以及BBS论坛的自动数据统计等。这种方法结合了电话访问法的便捷性和邮寄访问法的低成本优势。

网上访问法允许受访者在不受地理限制的情况下参与调研,同时提供了灵活的参与时间。然而,这种方法也有其局限性。第一,调查对象可能会受到限制,因为不是所有人都有访问互联网的条件。第二,由于访问的匿名性,有时候难以验证回收信息的真实性和准确性。

因此,在设计和实施网上访问法时,需要考虑到这些潜在的问题,并采取相应的措施来提高数据的质量和可靠性。

二、调查问卷设计

(一)问卷设计的基本结构

大多数调查是以问卷的形式进行的。调查能否获得真实的结果,与问卷的设计有很大的关系。一份完整的问卷一般由四个部分组成:标题、问卷说明信(或填表说明)、问卷内容和结束语。

1.标题的设计

标题一般由调查的对象和内容再加上"调查问卷"组成。如"中国公众广告意识调查问卷""××市居民消费意识调查问卷"等。

2.问卷说明信的设计

说明信包括填表说明与问卷说明,主要用于说明调查的目的、意义,以及如何填答问卷、告知受访者如何回收问卷、写明对保障受访者匿名权利的承诺并致谢。

3. 问卷内容的设计

问卷内容是调查问卷的主要部分。问卷内容包括调查对象的基本情况、与调查主题有关的事实，以及调查对象对有关事实的态度等。

4. 问卷的结束语

问卷的结束语主要用于表示对受访者合作的感谢，记录调查人员姓名、调查时间、调查地点等。结束语要简短明了，有的问卷也可以省略结束语。

（二）问卷问题及答案设计

问卷问题从形式上分为开放式问题与封闭式问题两种。

1. 开放式问题

开放式问题由于无须列出答案，故其形式很简单。在设计时，只需要提出问题，然后在问题下留出空白答题区域即可。唯一需要考虑的是留出多大空白比较合适。在设置开放式问题时，要根据问题的内容、样本的文化程度、研究的目的等综合考虑并进行设计。

2. 封闭式问题

封闭式问题包括问题及答案两部分，其形式主要有填空式、是否式、多项选择式。

（1）填空式，即在问题后加下画线，让回答者填写。填空式一般只用于简单易填写的问题，通常只需受访者填写数字。例如：

您的年龄多大？ ＿＿＿＿岁

您有几个孩子？ ＿＿＿＿个

（2）是否式，即问题的答案只有"是"和"不是"，或其他肯定形式和否定形式两种。回答者根据自己的情况选择其一。例如：

您是学校的团员吗？ 是□ 否□

（3）多项选择式，即给出两个以上的答案，回答者根据自己的情况进行选择。这也是问卷中较多采用的一种问题形式，而其答案的具体表达方式又有多种不同类型。例如：

您最喜欢看哪一种类型的电视节目？（可以多选）（ ）

A.新闻类节目 　　B.电视剧 　　C.体育类节目 　　D.广告类节目

他山之石

关于螺蛳粉月饼广告调研的调查问卷示例

尊敬的先生/女士：

您好！我们是×××公司的员工，正在做关于新产品的广告市场调研,此次发放问卷是为了了解您对于新式月饼的看法及广告对您购买决策的影响。在此郑重承诺,本次问卷仅作为我司内部调研分析使用,不向第三方透露任何与您相关的信息。希望您配合完成此次调查,谢谢。

(1)您的性别:

A.男　　　　　　B.女

(2)您的年龄:

A.20—30岁　　　B.30—40岁　　　C.40—50岁

(3)您喜欢吃月饼吗?

A.非常喜欢　　　B.一般　　　　　C.不喜欢

(4)您购买月饼的目的:

A.送礼　　　　　B.自己吃　　　　C.与家人分享　　　D.其他

(5)您喜欢哪种口味的月饼?

A.五仁类　　　　B.莲蓉类　　　　C.蛋黄类　　　　D.水果类

E.其他

(6)购买月饼时您最注重哪一点?

A.口味　　　　　B.包装　　　　　C.材料　　　　　D.价格

E.品牌　　　　　F.其他

(7)如果出现新式月饼,您愿意尝试吗?

A.非常愿意　　　B.一般　　　　　C.不愿意

(8)您是否吃过螺蛳粉月饼?

A.吃过

B.没吃过但听说过

C.没吃过且没听过

(9)如果出现螺蛳粉月饼,您愿意尝试吗?

A.非常愿意　　　B.一般　　　　　C.不愿意

(10)您平时通常会留意哪种广告形式?

A.电梯广告　　　　　　　　　B.户外大屏广告

C.公交车站牌广告　　　　　　D.朋友圈广告

E.抖音广告　　　　　　　　　F.电视广告

G.其他

(11)对月饼的创新,您有什么建议和需求吗?

_____

非常感谢您对我司本次市场调研问卷工作的支持和配合!

任务实施

·明确工作任务

请根据前述任务背景,完成以下两项任务。

（1）请根据任务要求,组建促销策划团队。

（2）请查阅相关资料,为支持"柳新"螺蛳粉月饼新品上市制定一份广告调查方案。

·实施步骤

一、组建促销策划团队

首先,我们需要组建促销活动策划小组(公司),小组规模以4—6人为宜,采用竞争上岗的方式确定各岗位人选,并完成下列各项内容。

（1）确定公司(小组)名称:

（2）确定 Logo(标志):

（3）构思好名称寓意:

（4）确定口号(广告语):

（5）确定各岗位人选及分工,如表1-2所示。

表1-2　各岗位人选及分工表

职务	姓名	联系方式	职责分工	备注
组长（经理）				

（6）正确解读促销活动策划任务——我们要完成哪些具体任务？请填写表1-3。

表1-3　促销策划任务解读列表

促销活动策划小组:

序号	任务名称	工作内容	备注

续表

序号	任务名称	工作内容	备注

二、制定广告调查方案

（一）明确工作任务、工作计划

小组根据广告市场调查目标，分解工作目标，制定工作内容、工作计划，以及完成时间，制定一份自己小组的工作计划表（见表1-4）。

表1-4　广告市场调查工作计划

市场调查小组：　　　　　　　　　　　　　　制定时间：　　　年　月　日

序号	工作内容	工作方法	负责人	完成时间	完成标准	备注

（二）依据工作目标，分步骤实施工作计划

步骤一，小组成员采用头脑风暴法，集思广益，针对市场调查目标和对象，结合调查内容，制定书面形式的市场调研方案。

步骤二，小组根据调查需要获取的关键信息，设计一份调查问卷。

步骤三，以小组为单位，展示、汇报广告市场调查报告。

任务评价

一、任务完成评价

任务完成情况评价满分为100分。其中，团队组建为10分，作品文案为75分，提案（展示陈述）为15分。企业评价占比为40%，教师评价占比为40%，学生互评占比为20%。填写表1-5。

表1-5　任务完成评价表

	评价指标	分值	企业评价	教师评价	学生互评	得分
团队组建	完成团队组建并合理分工	10分				
作品文案	广告调研目标清晰、明确	10分				
	广告调研方法的合理性、有效性	15分				
	问卷设计的准确性、有效性	15分				
	广告调研方案内容的完整性	15分				
	广告调研报告的完整性、合理性	20分				
提案	PPT设计	5分				
	语言表达	5分				
	形象	3分				
	团队配合	2分				

二、个人表现评价

对个人在完成工作任务过程中的表现进行评价,侧重点在个人素质方面。按优秀(5分)、良好(4分)、一般(3分)、合格(2分)、不合格(1分)五个等级进行评价。个人表现评价分为学生自评与小组成员互评,并填写表1-6。

表1-6　个人表现评价表

	素质点评价	得分
学生自评	团队合作精神和协作能力:能与小组成员合作完成项目	
	交流沟通能力:能良好表达自己的观点,善于倾听他人的观点	
	信息素养和学习能力:善于收集并借鉴有用资讯和好的思路想法	
	独立思考和创新能力:能提出新的想法、建议和策略	
小组成员互评1	团队合作精神和协作能力:能与小组成员合作完成项目	
	交流沟通能力:能良好表达自己的观点,善于倾听他人的观点	
	信息素养和学习能力:善于收集并借鉴有用资讯和好的思路想法	
	独立思考和创新能力:能提出新的想法、建议和策略	
小组成员互评2	团队合作精神和协作能力:能与小组成员合作完成项目	
	交流沟通能力:能良好表达自己的观点,善于倾听他人的观点	
	信息素养和学习能力:善于收集并借鉴有用资讯和好的思路想法	
	独立思考和创新能力:能提出新的想法、建议和策略	

	素质点评价	得分
小组成员 互评3	团队合作精神和协作能力:能与小组成员合作完成项目	
	交流沟通能力:能良好表达自己的观点,善于倾听他人的观点	
	信息素养和学习能力:善于收集并借鉴有用资讯和好的思路想法	
	独立思考和创新能力:能提出新的想法、建议和策略	
小组成员 互评4	团队合作精神和协作能力:能与小组成员合作完成项目	
	交流沟通能力:能良好表达自己的观点,善于倾听他人的观点	
	信息素养和学习能力:善于收集并借鉴有用资讯和好的思路想法	
	独立思考和创新能力:能提出新的想法、建议和策略	
小组成员 互评5	团队合作精神和协作能力:能与小组成员合作完成项目	
	交流沟通能力:能良好表达自己的观点,善于倾听他人的观点	
	信息素养和学习能力:善于收集并借鉴有用资讯和好的思路想法	
	独立思考和创新能力:能提出新的想法、建议和策略	

任 务 小 结

以小组为单位,分析本小组在促销策划团队组建和广告调查工作过程中做得好的地方,以及存在的问题与不足,并提出改进方法。同时思考:

(1)在团队组建过程中遇到的核心困难是什么?如何克服?

(2)本次活动调查有哪些亮点?存在哪些不足?如何改进?

(3)在完成本任务学习过程中,你学会了哪些分析和解决问题的方法?

(4)在完成本任务学习过程中,你认为自己还有哪些地方需要改进?

扫码答题

理论知识练习

知 识 训 练

1.广告调查是什么?

2.广告调查的作用是什么?

3.简述广告调查的主要方法。

实战训练任务 2
广告主题与创意策划

任务分析

　　广告主题与创意策划是广告策划中的核心任务之一,对于整个广告活动的成功至关重要。通过本任务的学习,学习者将深入理解广告主题与策划的基本概念,掌握广告主题策划的关键要素和设计要求。学习者还将学习广告主题策划的基础理论,以及如何运用创意方法和策略来激发灵感。

　　此外,本任务的内容还包括指导营销人员如何根据广告主题制定有效的广告方案,以及如何打造引人入胜的促销广告,以帮助学习者更好地为企业制定有吸引力的促销广告主题和创意广告,从而提升企业的广告效果和市场竞争力。

知识链接一：广告主题

一、广告主题的含义

　　广告主题是广告传达的核心思想,它集中体现了广告的内容和目的,是整个广告信息的精髓和概括。作为广告诉求的核心,广告主题是激发创意的基石,为广告的构思和表现提供方向。

　　在广告的整个运作过程中,广告主题起着至关重要的作用,它不仅引导着广告策划的方向,还是影响广告效果的关键因素。一个明确、有力的广告主题能够吸引目标受众的注意力,有效传达品牌信息,并激发受众的情感共鸣,从而提高广告的影响力和说服力。

二、广告主题的构成要素

　　广告主题蕴含于广告信息之中,由三个基本部分组成:广告目标、信息个性和消费心理,三者相辅相成。广告主题是广告的核心与灵魂,所以广告主题要深刻、独特、鲜明、统一,防止广告主题同一化、扩散化、共有化。

（一）广告目标

广告目标是指企业通过广告活动要达到的目的。其实质就是要在特定的时间对特定的受众(包括听众、观众和读者)完成特定内容的信息沟通任务。企业可以为了不同的具体目标开展广告活动。对某一企业来说,在不同的时期、不同的情况下可以确定不同的广告目标。在广告目标中表现的主题有行动目标、信息目标、传播目标三种形式。

1.行动目标

行动目标有两种形式。

一是直接行动目标。即促使广告受众产生直接反应的目标,并希望通过广告活动使受众马上介入营销活动中。

二是间接行动目标。它并不要求广告受众的即时响应,而是谋求建立企业或产品形象来获得消费者的认同。

2.信息目标

信息目标可以分为三种形式。

一是告知性目标。即广告活动的目的是将新产品的特性、功能及好处告知消费者。

二是劝导性目标。即广告活动的目的是塑造产品差异,说服消费者购买。

三是提醒性目标。即通过广告来强化消费者对品牌的记忆。这种形式多适用于成熟期产品,广告的主题是提醒消费者购买,以维持或扩大产品销量,延缓产品衰退。例如,我们在荧幕中常看到的一些品牌的广告就属于以提醒为目标的广告。如图1-3,电影《手机》中的某食品的广告即属于提醒性目标主题的广告。

图1-3 电影《手机》片段

(资料来源:网络图片)

3.传播目标

传播目标可以分为三种形式。

一是提高企业知名度。这一目标旨在通过广告提升商品的知名度,使目标消费者对商品有所认知。这是广告传播最直接和基础的目标。通过这种方式,企业可以加深消费者对品牌和商标的印象,从而促进消费者基于品牌识别进行购买。

二是传播产品知识。在这一目标下,广告的目的是向消费者提供有关产品或服务的详细信息,介绍产品的特性、新功能或新用途。这有助于为产品的销售创造条件,加强消费者对产品的认识和理解。

三是提升企业美誉度。当企业参与公益事业或进行其他善行时,可以通过广告传播这些行为,并以此作为广告的主题。这种策略不仅能够展示企业的社会责任感,还能加强公众对企业形象的正面认知,从而提升企业的美誉度。

（二）信息个性

广告的信息个性是指广告所传达的商品、服务、企业品牌或理念的独特之处。这些特点与同类产品或服务相比,具有明显的区别性,能够突出显示其与众不同的特质。信息个性是广告的核心,它决定了广告的诉求焦点,并为广告主题的确立提供了依据。

简而言之,信息个性是广告的灵魂,它不仅能够吸引消费者的注意,还能够使品牌在竞争激烈的市场中脱颖而出。通过强调信息个性,广告能够更有效地向目标受众传递品牌的独特价值和理念。

（三）消费心理

消费心理指的是消费者在做出购买决策时的心理活动和需求。在广告中,广告目标和信息个性的设计必须与消费者的特定心理需求相契合。成功的广告往往首先通过视觉和听觉元素吸引消费者的注意力,然后激发他们的心理反应,引导消费者经历一系列的心理过程,最终促使消费者采取购买行动。

因此,广告的主题设计需要顺应消费者的心理特点,遵循他们的心理活动规律。这意味着广告不仅要在感官上吸引消费者,更要在情感和认知层面与消费者产生共鸣,满足他们的需求和期望。通过深入理解消费者心理,广告可以更有效地激发消费者的购买欲望,实现广告的最终目的。

综上所述,广告主题三要素之间的关系可以概括为:广告目标是广告主题的出发点,离开广告目标的广告主题是没有效果、无的放矢的;信息个性是广告主题的基础和依据,没有信息个性,广告主题就失去了诉求焦点;消费心理是广告主题的活力所在,不考虑消费心理因素的广告主题,就不能引起消费者的心理共鸣。把握三者之间的关系,使广告主题的三大构成要素巧妙地、紧密地、合理地融为一个整体,是广告主题策划的基本任务。

三、广告主题的设计要求

（一）利益承诺点

在广告的主题内容中,要想说服顾客改变其行为,关键之一是提出具有吸引力的利益承诺点。这些承诺点虽然不是产品本身固有的属性,但它们在消费者心中却具有重要的意义。为了有效地提出这些利益承诺点,需要注意以下三个关键问题。

首先,利益承诺必须具有实际价值。承诺的内容应该是为消费者提供实际益或解决他们面临的问题,确保这些承诺是有意义的。

其次,利益承诺必须是消费者真正关心的。所承诺的利益或解决的问题必须是对消费者来说重要且迫切需要的,这样才能引起他们的关注和兴趣。

最后,将品牌与利益承诺相结合。在提出利益承诺时,应将品牌的价值和形象融入其中,使消费者在考虑这些利益时,自然而然地联想到本品牌,从而增强品牌的影响力和吸引力。

1.设置利益承诺点

（1）从产品功能上提出利益承诺点。如某凉茶品牌的广告语"怕上火喝×××"就是从产品的功能角度设置的利益承诺点。

（2）从受众消费者的感官上提出利益承诺点。比如突出产品能够让消费者"解渴""清爽""解除饥饿"等。

（3）从受众消费者的情感上提出利益承诺点。比如产品能够给消费者带来"幸福感""满足感"等。

（4）从与受众消费者沟通上提出利益承诺点。比如在广告中设置"有奖问答""客户联谊活动"等。

2.设计支持点来说明利益承诺点

所谓"支持点",就是应用科学原理或其他事实来说明广告中的利益承诺点,泛指广告中的说明部分。例如,某洗发水广告中的利益承诺点是"使您光彩照人",其支持点是"产品含有维生素原B_5,能滋养您的秀发",这使目标对象更容易相信广告中所提出的利益承诺点,从而产生购买欲望。

（二）突出重点

广告主题的设定并不是要囊括所有信息,而是要精心挑选并传达那些最重要、最关键的信息点。在设计广告主题时,必须有针对性地强调产品自身的优势和长处,这样才能在消费者心中留下清晰而深刻的印记。

如果广告内容过于杂乱无章、缺乏重点,就很容易使消费者感到困惑,无法激发他们的兴趣。相反，一个明确的、集中的广告主题能够迅速吸引消费者的注意力，并有效地传递品牌的核心价值。

因此，广告创作者需要深入分析目标市场和消费者的需求，提炼出最具吸引力和说服力的信息，以此为基础构建广告主题。通过这种方式，广告不仅能够吸引消费者的眼球，还能够在他们的心中留下持久的印象，从而提升广告的传播效果，提高市场竞争力。

（三）内容独特

在确保宣传重点突出的基础上，广告主题还应追求内容的独特性。这种独特性能够让广告在众多同类广告中脱颖而出，形成鲜明的个性。独特性不仅有助于吸引受众的注意力，还能在他们心中留下持久的印象。

为了实现这一点，广告创作者需要深入挖掘品牌或产品的独特卖点，避免陷入陈词滥调。通过创新的表达方式和巧妙的视觉设计，广告可以传达出与众不同的信息，从而在受众心中建立起独特的品牌形象。

总之，一个精心设计了利益承诺点，且重点突出、内容独特的广告主题能够有效地切割市场噪声，与受众建立情感连接，增强记忆点，最终实现广告传播的目的。

四、广告主题策划的基础

广告主题策划是一项涉及广泛领域的复杂工作，受到多种因素的影响。为了有效地开展这项工作，企业首先需要明确广告的目标和战略。在此基础上，企业应深入分析影响广告主题的各种构成要素，并精心设计出恰当的、有吸引力的广告主题。

广告主题策划的基础通常始于构建起产品的价值体系。一种产品往往具有多种属性，这些属性会从不同的角度满足消费者的多种需求。对于消费者而言，这些属性就构成了产品的特定价值。产品的价值通常是多方面的，广告创作需要将这些价值点联系起来，形成一个完整的产品价值体系。

（一）建立产品价值网

产品价值网是对产品整体的全面描述，它包含了产品的基本功能、效用、质量、品牌、包装、款式以及其他附加价值。这个价值网中的每一个特征都可能成为广告主题的核心诉求点，为广告创作提供丰富的素材。在策划广告主题时，可以从以下几个方面出发。

1. 产品实体因素

产品实体因素包括产品品质、原料、成分、结构、性能、生产工艺、生产过程、生产条件、生产环境、生产历史、外观、包装等方面。如某牙膏广告："牙牙长得壮要营养，营养在哪里呢？""××乐，有营养，鲜果的 VC 加 VE，××乐，有营养，牙牙健康白又壮。"这些广告就是从产品的成分出发进行的广告主题策划。

2.产品使用情况

产品使用情况,即消费者在使用产品过程中所获得的价值,是广告策划中需要考虑的关键因素。这种价值可以通过产品的用途和使用效果来体现,进而为广告主题的策划提供丰富的素材。图1-4为某公司去黑头鼻贴的广告就是典型的采用使用效果来设计广告主题的。

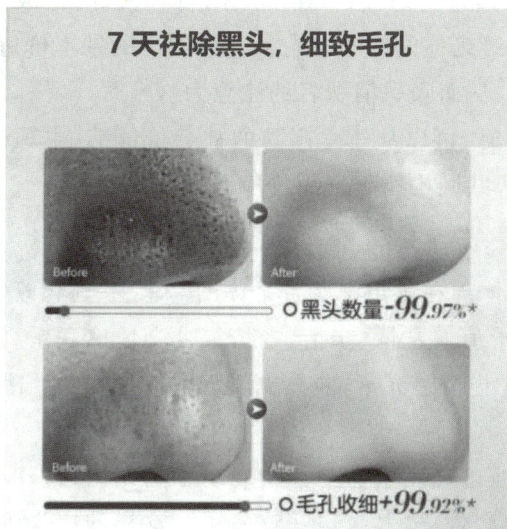

图1-4 某公司去黑头鼻贴的广告
(资料来源:网络图片)

3.产品价格

企业产品在市场上通常有一个明确的基本定位,这包括价格、档次和品位等多个方面。这种定位是品牌形象和市场策略的重要组成部分,并且可以作为广告主题策划考虑的因素之一。例如某洗衣皂的广告语"只选对的不选贵的"便是根据产品的价低定位策略而设计的。

4.消费者对产品的关心点和期望值

消费者的关心点代表了他们在选择产品时最为重视的价值和功能。这些关心点是消费者决策过程中的关键因素,因此,它们也应该是广告主题策划的重要依据。例如,对于某品牌尿片的广告,其主题"干爽健康"直接触达了年轻父母在选择尿片时最关注的产品特性。这个广告主题突出了产品能够为宝宝提供干爽舒适的体验,同时保障他们的皮肤健康,这正是年轻父母最为关心的价值所在。

在策划广告主题时,识别并聚焦于消费者对产品的关心点至关重要。通过这种方式,广告能够更直接地与消费者的需求和期望对话,建立起情感上的联系,并促进消费者的购买行为。广告创作者应该深入了解目标消费者群体,挖掘他们对产品最为关心的方面,满足他们对产品的期望,并以此为基础构建广告信息,确保广告主题能够引起消费者的共鸣。

（二）建立产品价值链

产品的价值链是由一系列相互关联的价值构成的，其中一项价值可以衍生出另一项，进而形成一连串的价值延伸。这种衍生过程不仅丰富了产品的价值内涵，也为广告主题的策划提供了丰富的素材。

以某品牌牙膏广告为例，其广告语"牙好，胃口就好，吃饭倍儿香，身体倍儿棒"就是一个很好的价值链延伸的例子。它从口腔健康的基本价值出发，延伸到整体健康和生活质量的提升，从而吸引消费者的注意力。

在策划广告主题时，可以从建立产品的社会价值链、主观价值链和挖掘产品的潜在价值等方面着手，共同构建起产品价值链。

1. 建立产品的社会价值链

产品的价值不仅体现在满足消费者个体的需求上，还体现在其对社会关系的影响上，即产品的社会价值。友情、亲情、爱情等社会情感联系，常常可以作为广告主题的有力立意点。这些情感元素能够与消费者产生共鸣，增强广告的吸引力和说服力。

例如，某些广告通过强调产品在社交互动中的作用，来建立与消费者的情感联系。像某品牌零食的广告语"××送礼够面子"，这样的广告语，就巧妙地将产品与社交场合中的友情联系起来，暗示了产品作为礼物能够增进人际关系。

2. 建立产品的主观价值链

广告策划可以从产品及其相关因素出发，通过创意想象赋予产品独特的主观价值。这种价值超越了产品的物质属性，触及人们的心理和文化层面，建立一种深刻的情感和象征联系。具体可以从以下三个方面进行考虑。

（1）产品给人的感受。

这涉及消费者对产品属性的感知，包括视觉、听觉、味觉、嗅觉等。例如，某品牌黑芝麻糊的电视广告，通过典型的南方麻石小巷、温暖的橘灯、热腾腾的锅和浓香扑鼻的芝麻糊等元素，唤起了人们对童年温暖记忆的联想，使消费者相信黑芝麻糊就是该品牌带来的美味享受。这是以味觉体验作为广告主题的立意点。

（2）产品的性格。

产品的品质、形态、功效、档次以及给人的感受和感觉，共同塑造了产品在消费者心中的性格特征。这种性格可以是优雅、活力、稳重或创新等，成为产品与消费者情感连接的桥梁。

（3）产品的象征意义。

产品的品位、品牌与社会文化相结合，可以成为个人身份、地位、事业、能力、品格、权威、个性等的象征。例如，某白酒品牌的广告语"中国梦之蓝，成功天地宽"，将产品与事业成功联系在一起,传递了一种积极向上、追求卓越的生活态度。

通过这些方法,广告不仅能够展示产品的实际功能,还能够触动消费者的情感,激发他们的联想,建立起产品与消费者之间的深层次的主观价值链。

3.挖掘产品的潜在价值

产品价值可以分为消费者直接感知的价值和尚未被消费者意识到的潜在价值。在广告主题策划中,应该将产品置于更广阔的社会和文化背景中,以发掘和创造产品新的潜在价值。这可以通过以下三个方面来实现。

(1)唤醒消费需求。

除了满足消费者的现实需求外,广告作为一种刺激因素,还应该深入探索消费者的内在心理,发现并唤起那些未被意识到的需求。例如,将口香糖与运动健身联系起来,可以发现其新价值——锻炼面部肌肉,从而在情感上与消费者产生共鸣,激发他们的购买欲望。

(2)创造消费需求。

在某些情况下,消费者可能对某一产品没有明显的需求或兴趣。这时,广告可以发挥引导作用,创造新的需求。广告主题策划应聚焦于产品的独特价值,以激发消费者的好奇心和兴趣。例如,某品牌防紫外线润肤露通过强调防晒与护肤的双重功效,创造了新的消费需求。

(3)突破消费者观念障碍。

消费者的某些观念可能与产品价值存在冲突。广告主题策划应该避免与这些观念直接对抗,而是选择与消费者观念相符的产品价值点,或者通过宣传逐步改变旧观念,建立新观念。这样可以使产品的价值更容易被消费者接受和认同。

通过这些策略,广告不仅能够展示产品的实际价值,还能够激发消费者的内在需求,引导他们发现产品的新价值,从而提高广告的吸引力和说服力。

知识链接二：广告创意策划

一、广告创意的定义

广告创意,用英语表达为"creative",代表着创造、构建和产生新意的能力。它是广告策划者基于市场调查结果,结合产品特性,针对目标受众的心理特征和既定的广告策略,精心选择信息传播方式的过程。其目的在于说服消费者购买产品,从而促进产品销售,实现广告效果。广告创意是广告策划的基石和核心。广告创意的成功与否,往往决定了广告的成败。它具有以下五个显著特点。

第一,主题核心性。广告创意是始终围绕广告主题展开的,策划者应确保创意与广告目标紧密相连,并考虑到创意可能产生的效果和目的。

第二，独特性。广告创意应采用独特的、出人意料的，甚至颠覆传统的表达方式，以吸引受众的注意力。

第三，难以模仿性。创意内容应具有独特性，使竞争对手难以复制，从而保持广告的新颖性和竞争力。

第四，难忘性。广告内容应设计得令人印象深刻，使目标受众难以忘怀，增强记忆点。

第五，情感共鸣性。在设计广告内容时，注重与消费者的情感沟通和交流，建立情感联系，以促进消费者与产品产生共鸣。

二、广告创意的原则

（一）相关性原则

相关性是衡量广告创意成功与否的关键因素，它强调广告内容必须与广告产品之间存在内在的联系。理想的广告创意应该既出人意料，又能合情合理地与产品特性和企业形象相融合，展现出一定的相互关联。

例如，选择明星代言广告是一种常见的营销策略，但代言人的形象和产品特性之间必须有合理的联系。如果这种联系缺失，广告就可能失去其说服力，甚至产生负面效果。以某明星代言的某品牌摩托车的广告为例，因为该摩托车产品的特性和代言人形象之间缺乏明显的关联，导致该广告信息本末倒置，无法有效地传达产品的核心价值。这样的广告不仅起不到预期效果，甚至可能成为反面教材。

（二）震撼性原则

震撼性是广告创意中的重要原则，它指的是广告能够产生强烈的冲击，触动消费者的心灵，从而给消费者留下深刻的印象。这种震撼效果是与广告的相关性和原创性紧密相连的。

震撼性广告通过强烈的视听刺激，吸引消费者的注意力。这种夸张的表现手法不仅能够吸引观众的目光，还能在他们的心中留下深刻的印象。

（三）简洁性原则

简洁性原则又称"KISS原则"。"KISS"是英文"Keep it simple stupid"的缩写，意思是使之简单。广告创意应简单明了，广告主题应集中明确，这样才能使人过目不忘、印象深刻。广告受众接收广告信息时通常是无意的，过于复杂的情节化创意会冲淡广告信息，不利于广告信息的有效传达。因此，那些主题明确、简洁、富有戏剧性的广告创意往往能够出奇制胜。某汽车安全别针平面广告图如图1-5所示。

图 1-5 某汽车安全别针平面广告图

这则广告没有广告词,只有一个形状像该品牌汽车的安全别针的图案。该广告以极为简洁的构图和直观的形象,向受众传达了"××汽车是更安全的汽车"的广告主题。该广告作品获得 1996 年法国戛纳国际广告节平面广告金奖及全场大奖,被人们奉为广告创意的经典。

(四)情感性原则

情感是人类永恒的话题,也是当今广告创意的主流诉求点。在一个高度成熟的社会中,消费者的消费意识日益成熟,他们不仅关注产品的性能和特点,更追求与自己内心深处情绪和情感相一致的"感情消费"。因此,将浓厚的情感因素注入广告创意,可以深刻地打动人心,产生非同一般的广告效果。

许多成功的广告创意正是通过触动消费者的情感,从而在众多广告中脱颖而出的。例如,某感冒颗粒的广告就是一个典型的例子。这则广告以"你看到的不一定是真实的,也许你的背后是来自陌生人温暖的关爱"为切入点,通过六个小故事,展现了人们内心深处渴望的美好事物。这些故事不仅营造了一个世界将变得更加美好的氛围,而且自然地引出了要宣传的产品——××感冒颗粒。整个过程流畅自然、情感真挚,具有很强的感染力。广告通过这种方式,不仅向消费者传递了产品信息,更重要的是触动了他们的情感,使他们对品牌产生了情感上的认同和共鸣。

三、广告创意的基本策略

广告创意策略是指导广告创意工作的基本方法。自 20 世纪 50 年代起,随着世界经济在第二次世界大战结束后的恢复和快速发展,广告理论也得到了迅速的发展和完善。这一时期,形成了多种具有不同特点和侧重点的广告创意理论流派。这些理论不仅在当时具有重要意义,而且在今天依然具有很强的实践价值和指导意义。

(一)USP 理论

USP(Unique Selling Proposition)理论,即独特销售主张理论,该理论强调广告应明确传达产品的独特卖点，从而使产品在市场中脱颖而出。主要涉及明确的利益承诺点、品牌的独特性和强大的吸引力。

简而言之，USP理论就是为产品找到一个独特的卖点或恰当的市场定位，这个卖点或定位应该是简单明了、易于传播的，它能够迅速抓住消费者的注意力，并促使消费者采取购买行动。

（二）品牌形象理论

品牌形象（Brand Image）理论是大卫·奥格威（David Ogilvy）在20世纪60年代中期提出的创意观念。该理论是广告创意策略理论中的一个重要流派。在此策略理论影响下，出现了大量优秀的、成功的广告。该理论认为品牌形象不是产品固有的，而是消费者联系产品的质量、价格、历史等，此观念认为每一则广告都应是对构成整个品牌的长期投资。因此，每一个品牌、每一种产品都应发展和投射出一个形象。形象经由各种不同的推广技术，特别是广告，传达给消费者及潜在消费者。消费者购买的不只是产品，还购买了商家承诺的物质和心理的价值。在广告中诉说的产品的有关事项，对购买决策的影响常常比产品实际拥有的物质上的属性更为重要。

品牌形象理论的基本要素包括以下四点。

1. 塑造品牌形象是广告的核心目标

广告的主要作用是提升品牌的知名度，并保持其形象的高端性和吸引力。品牌的形象不仅需要被建立，更需要持续维护，使其在消费者心中始终占据一席之地。

2. 广告是品牌长期投资的一部分

广告不仅仅是短期的销售工具，更是对品牌价值的长期投资。因此，广告策略应注重维护积极的品牌形象，而不是仅仅追求短期的销售效果，牺牲长期的品牌价值。

3. 品牌形象比强调产品特性更重要

随着市场上同类产品的差异性逐渐减小，品牌之间的竞争更多地体现在品牌形象上。消费者在选择品牌时，往往更多地依赖于情感和认知，而非仅仅理性地分析产品的具体功能。因此，塑造一个鲜明的品牌形象比单纯强调产品的特性更为关键。

4. 满足消费者的心理需求

消费者在购买商品时，不仅追求产品的实际效用（实质利益），也追求心理上的满足（心理利益）。对于某些消费群体而言，广告应特别注重通过品牌形象来满足他们的心理需求，触动他们的情感，从而增强品牌的吸引力。

（三）定位理论

所谓定位（Positioning），就是使企业的产品在消费者的心中占有地位，留下印象的一种广告方法或推销方法。定位可以分为产品定位和广告定位两大方向。定位的关键在于影响消费者的想法,唤起或加强他们原本已有的欲望和渴求,使其倾向于选择本企业的产品,以达到广告的目的。只有产品的特性、企业的新意识、消费者的需求和喜好三者协调恰当,才能确定产品定位和广告定位。

广告行业已经迈入了以定位策略为核心的时代。在这个时代,仅仅发明或发现出色的产品并不足以保证成功,更重要的是要让这些产品在潜在消费者的心中占据一席之地,成为他们的首选。这就要求广告策划者要对商品差异、企业差异以及消费心理差异有更深入的理解。

广告定位与产品定位之间存在着密切的联系。产品定位的明确性是广告定位准确性和有效性的基础。在确定广告定位时,可以从产品定位的以下三个角度进行分析。

首先,产品在消费者心中的地位。产品需要在消费者的心中占据一个清晰的地位,这意味着它需要与消费者的需求和期望相匹配。

其次,产品带来的好处和利益。产品应能够为消费者带来具体的好处和利益,这些好处和利益是消费者选择该产品的关键因素。

最后,产品的知名度和信任度。产品的市场知名度和消费者对其的信任度是品牌形象的重要组成部分,也是广告定位需要强化的要素。

所有这些因素共同构成了消费者心中的品牌形象,也就是广告定位所追求的效果。广告的目的是加强这种形象,通过创意和信息传达策略,使产品在消费者心中的位置更加突出和有利。

综合考虑 USP 理论、品牌形象理论和定位理论,我们可以看到它们各自的侧重点以及不同之处,三者之间相互补充,共同构成了广告创意和策略的核心。

USP 理论着重于对产品的聚焦,其核心在于发现或创造产品的独特之处。这意味着在产品本身寻找差异点,或者通过调整和创新来制造差异。如果产品在传统意义上难以区分,USP 理论也鼓励我们展现产品的另一面,以吸引消费者的注意。

USP 理论与品牌形象理论之间的关系可以这样理解:如果将品牌形象比作一位演讲者的穿戴、气质和说服力,那么 USP 就像是这个人的演讲内容。品牌形象为产品塑造了一个吸引人的外在形象,而 USP 则是这个形象背后的核心信息和说服力。二者结合起来,可以产生更大的影响力。单独强调 USP 或品牌形象都是不够的,USP 是产品的核心优势,而品牌形象则是这一优势的外在表现。

定位理论与 USP 理论有着紧密的联系,它们像是一对孪生兄弟。USP 着重于突出产品某个具体的特性,而定位则是在消费者心中为产品找到并占据一个独特的位置。USP 的寻找过程可能更多地集中在产品本身,而定位则可能需要从消费者的视角出发,探索如何在他们的认知中为产品找到独特的定位。

总的来说,USP、品牌形象和定位是相互关联且相辅相成的三个概念。在广告创意和市场策略中,应该综合运用这三种理论,以确保产品能够在竞争激烈的市场中脱颖而出,并在消费者心中留下深刻的印象。

四、广告创意的思考方法

"创意"重在"思考",创意是建立在思考的基础之上的,一个未经深思熟虑的创意是不成熟的。因此,广告策划者不仅要掌握产生广告创意的原则和程序,还要学会思考的方法。被广告界广泛认可的广告创意的思考方法有很多,这里主要介绍垂直思考法、水平思考法、头脑风暴法和联想法。

（一）垂直思考法

垂直思考法,也称纵向思维,是一种传统的逻辑思维方式。它遵循一定的逻辑顺序,在既定的范围内,通过因果关系和由表及里的分析,将思维向深层次推进。这种方法在广告创意过程中经常被使用。它的逻辑就像从黄豆到豆瓣酱或豆浆、豆腐、豆腐干的制作过程。

垂直思考法强调根据事物本身的发展过程进行深入分析。它依据过去的经验和理论,向上或是向下地深入探索。在广告的资料收集和整理阶段,如果发现产品具有某种特性,垂直思考法就会引导广告策划者去探究这种特性的原因,深入思考这一特性如何为消费者带来具体的利益以及这些利益的具体表现,并进一步思考消费者是否迫切需要这些利益、为什么需要,以及在什么时间或情况下最需要这些利益。通过这种逐层深入的探索,可以帮助我们找到广告的诉求点和诉求方式。

垂直思考法的优点在于其思路清晰、稳定,有助于系统地分析问题。然而,它也有自身的局限性,即囿于思考空间有限,可能导致固守传统、缺乏创新,容易使创意显得雷同和过时。例如,一些广告可能会反复强调产品所获的奖项或荣誉,如"省优（部优）""金奖产品"等。这种公式化的宣传缺乏新颖性,可能不会吸引消费者的注意力。

为了克服这些局限,广告策划者应该结合其他思考方法,如水平思考法,以拓宽思路,创造更具创新性和吸引力的广告内容。

（二）水平思考法

水平思考法,也称横向思维或侧向思维,它与环环相扣的垂直思考法有着本质的不同。水平思考法的核心在于打破传统思维模式和定势,摆脱旧经验和旧意识的束缚。它鼓励人们跳出对事物的固有看法,通过探索事物间的关联性来发现和分析问题,从而得出创新的结论。这种方法具有跳跃性和激发性,常常能够带来出人意料的创意和解决方案。

例如,在1999年,国外某汽车公司在美国的《商业周刊》和《新闻周刊》上刊登广告,将其旗下的某款最新汽车车型与阿波罗飞船进行比较,以此来突出该款汽车的卓越性能。这就是一个运用水平思考法进行广告创意的典型案例。

在广告创意过程中,垂直思考法和水平思考法往往相互交织、相辅相成。当垂直思考法遇到瓶颈,陷入传统思路无法突破时,水平思考法能够提供新的视角和启发,激发广告策划者的创意想象。而当水平思考法的思路发散得过于广泛,难以聚焦时,垂直思考法则能够帮助广告策划者对这些创意进行逻辑上的验证和合理性分析。垂直思考法提供了结构化和深入的分析,而水平思考法则带来了创新和多样性。两者结合使用,可以促进创意的全面发展,帮助广告策划者在保持逻辑性和深度的同时,创造出新颖、独特的广告内容,从而更有效地吸引和影响目标受众。

垂直思考法和水平思考法这两个概念都是由英国心理学家爱德华·德博诺博士在进行心理学研究时提出的,他曾对这两种思考方法进行比较,指出了两者的主要区别,如表1-7所示。

表1-7　垂直思考法与水平思考法的主要区别

垂直思考法	水平思考法
选择性的	生生不息的
只在一个方向时才移动	移动是为了产生一个新的方向
分析性的	激发性的
按部就班	跳来跳去
思考者必须每一步都正确	思考者不必每一步都正确
为了封闭某些途径要用否定	无否定可言
集中排除不相关者	欢迎新东西闯入
思考的类别、分类和名称都是固定的	不必固定
遵循最可能的途径	探索最不可能的途径

(三)头脑风暴法

头脑风暴法,也被称为集脑会商法或脑力激荡法,是一种集体创意技巧,它涉及两人或更多人聚集在一起,针对特定的广告主题共同构思创意。这种方法最初由美国广告公司董事亚历克斯·奥斯本提出。头脑风暴通过组织专题讨论会议的形式进行,旨在激发参与者的集体智慧和创造力。

在头脑风暴会议中,通常会有1名主持人和1—2名记录员。主持人负责提前将会议主题通知给所有参与者。参与人数一般控制在5—12人,以8人左右最为理想。此方法鼓励参与者自由地表达自己的想法,不受传统思维限制,以此激发个体潜能,产生尽可能多的创造性想法。

为了确保头脑风暴的效果,必须遵循以下四个基本原则。

一是自由发言。允许参与者无拘无束地表达自己的观点,暂时不对提出的方案进行评价或判断。

二是鼓励创新。激励参与者提出新颖、与众不同的观点。

三是数量优先。鼓励参与者提出尽可能多的想法，重视创意的数量而非质量。

四是补充与改进。鼓励参与者对他人的想法提出补充意见和改进建议。

头脑风暴是一种集中的智力活动，要求对所讨论的问题具有明确的针对性。讨论需要深入且高效，避免长时间的散漫和低效思考。参与者应具备敏捷的思维和灵活的头脑，保持高度的兴奋状态，全神贯注地投入讨论。

会议主持人应善于协调，鼓励参与者充分发表自己的见解，尊重每个人的构想和建议，欢迎任何创意的产生，以最大限度地激发每个参与者的积极性和创造力。通过这种方式，头脑风暴法能够帮助团队在广告创意过程中迅速产生多样化的解决方案。

（四）联想法

联想是一种思维活动，它基于从一个事物出发，进而想起与之相关或有联系的人或事物。创意思维正是以联想为基础，从一个创意起始点出发，展开想象的思维过程。一个人的创意思维能力很大程度上取决于他的联想能力，而这种能力需要通过长期的训练和实践才能熟练掌握。

在创意思维中，联想的方向可以通过所谓的"四相一无"法来探索。

（1）相容关系。即联想与产品功能或特性相辅相成的事物。

（2）相关关系。即联想与产品有直接联系或影响的事物。

（3）相似关系。即联想与产品在外观、感觉或概念上有相似之处的事物。

（4）相反关系。即联想与产品特性相反或形成对比的事物。

（5）无关关系。打破常规，联想与产品表面上看似毫无联系的事物。

通过这些联想方向，创意人员可以激发出新颖的广告创意，使广告更加吸引人、易于记忆，并有效地传达产品的核心优势。

他山之石

某巧克力产品的"许仙篇""林黛玉篇"广告案例

背景与情境：某花生夹心巧克力是玛氏食品公司出品的巧克力产品，1930年在美国上市，如今成为世界销售第一的条状巧克力、能量型巧克力的主打品牌。该产品之所以能有此成绩，与它的广告宣传密不可分。在广告中，该产品被定位为"横扫饥饿，补充能量"的能量型巧克力，其广告语"横扫饥饿，活力无限"已深入人心。

在新一季的广告推广中，该产品推出了"韩剧悲催女篇""易怒包租婆篇""犯懒猪八戒篇""饿货唐僧篇""虚弱林黛玉篇"等，每则广告均以"拯救饿货"为主题,设计了各自的故事情节,通过夸张、幽默的创意表现,将该产品"救饿行动"传达得淋漓尽致。广告播出后,在年轻消费者中引起强烈反响,其品牌形象变得更加清晰和稳固。

该巧克力产品的成功实质上是广告主题确定与广告创意的成功。广告主题是广告的中心思想,广告的创意使广告主题艺术地表现出来。广告主题选择是否正确及创意是否别出心裁在很大程度上决定着广告的成败。

任务实施

·明确工作任务

请根据前述任务背景,查阅相关资料,为支持"柳新"螺蛳粉月饼新品上市设计产品广告主题及广告创意策划方案。

·实施步骤

一、明确工作任务、工作计划

小组成员一起,根据广告主题和创意策划任务的工作内容与要求,以及完成时间,制定一份自己小组的工作计划并填写表1-8。

表1-8　广告主题和创意策划工作计划

策划小组：　　　　　　　　　　　　　　　　　　　　　制定时间：　　　年　月　日

序号	工作内容	工作方法	负责人	完成时间	完成标准	备注

二、依据工作目标,分步骤实施工作计划

步骤一:分析广告策划背景,收集广告主题和创意策划所需的信息。小组成员查阅资料并讨论,拟收集促销信息的种类、对象、收集方法、分工,收集信息的标准、时间要求、注意事项等,分析新品上市面临的最主要市场和营销问题,最后形成一份背景分析简报。

步骤二：策划小组成员一起，采用头脑风暴法，集思广益，按照广告主题的内容、设计的原则及广告创意的方法，设计产品的广告主题及广告创意的方案。其中，广告的主题包括产品的支持点、利益点以及主题策划的基础、来源、内容等。广告创意包括产品优势以及广告创意的方法、内容、吸睛点、要求等。策划方案以书面形式完成。

步骤三：以小组为单位，展示、汇报广告主题及创意策划方案。

任务评价

一、任务完成评价

任务完成情况评价满分为100分。其中，作品文案为85分，提案（展示陈述）为15分。企业评价占比为40%，教师评价占比为40%，学生互评占比为20%。填写表1-9。

表1-9　任务完成评价表

	评价指标	分值	企业评价	教师评价	学生互评	得分
作品文案	广告主题与创意策划背景分析的全面性与准确性	10分				
	广告主题及创意目标清晰、明确	15分				
	广告主题内容分析准确性	20分				
	广告创意方法分析准确	20分				
	广告主题及策划方案内容的完整性	10分				
	方案设计的合理性、合法性	10分				
提案	PPT设计	5分				
	语言表达	5分				
	形象	3分				
	团队配合	2分				

二、个人表现评价

对个人在完成工作任务过程的表现进行评价，侧重点在个人素质方面。按优秀（5分）、良好（4分）、一般（3分）、合格（2分）、不合格（1分）五个等级进行评价。个人表现评价分为学生自评与小组成员互评，并填写表1-10。

表1-10 个人表现评价表

	素质点评价	得分
学生自评	团队合作精神和协作能力:能与小组成员合作完成项目	
	交流沟通能力:能良好表达自己的观点,善于倾听他人的观点	
	信息素养和学习能力:善于收集并借鉴有用资讯和好的思路想法	
	独立思考和创新能力:能提出新的想法、建议和策略	
小组成员互评1	团队合作精神和协作能力:能与小组成员合作完成项目	
	交流沟通能力:能良好表达自己的观点,善于倾听他人的观点	
	信息素养和学习能力:善于收集并借鉴有用资讯和好的思路想法	
	独立思考和创新能力:能提出新的想法、建议和策略	
小组成员互评2	团队合作精神和协作能力:能与小组成员合作完成项目	
	交流沟通能力:能良好表达自己的观点,善于倾听他人的观点	
	信息素养和学习能力:善于收集并借鉴有用资讯和好的思路想法	
	独立思考和创新能力:能提出新的想法、建议和策略	
小组成员互评3	团队合作精神和协作能力:能与小组成员合作完成项目	
	交流沟通能力:能良好表达自己的观点,善于倾听他人的观点	
	信息素养和学习能力:善于收集并借鉴有用资讯和好的思路想法	
	独立思考和创新能力:能提出新的想法、建议和策略	
小组成员互评4	团队合作精神和协作能力:能与小组成员合作完成项目	
	交流沟通能力:能良好表达自己的观点,善于倾听他人的观点	
	信息素养和学习能力:善于收集并借鉴有用资讯和好的思路想法	
	独立思考和创新能力:能提出新的想法、建议和策略	
小组成员互评5	团队合作精神和协作能力:能与小组成员合作完成项目	
	交流沟通能力:能良好表达自己的观点,善于倾听他人的观点	
	信息素养和学习能力:善于收集并借鉴有用资讯和好的思路想法	
	独立思考和创新能力:能提出新的想法、建议和策略	

任务小结

以小组为单位,分析本小组在广告主题及广告创意方案策划工作过程中做得好的地方,以及存在的问题与不足,并提出改进方法。同时思考:

(1)本策划案有哪些亮点?存在哪些不足?如何改进?

(2)在完成本项目学习过程中,你学会了哪些分析和解决问题的方法?

(3)在完成本项目学习过程中,你认为自己还有哪些地方需要改进?

扫码答题

理论知识练习

37

知 识 训 练

1. 广告主题的三要素是什么？它们之间的关系是怎样的？

2. 什么是品牌形象论？其意义何在？

3. 什么是广告的利益点、支持点，这两者的关系是什么？

实战训练任务3
广告文案策划

任务分析

广告文案是企业及其产品与终端消费者之间的一种直接的信息传递方式,对于改变消费者对企业及其产品的认识、影响消费者的消费倾向、促进消费行为起着至关重要的直接作用。因此,广告策划者需要对广告文案进行专业细致的策划,从而帮助企业通过广告向消费者传递关键信息,促使消费者接受品牌理念,促进销售,达到企业的营销目的。

一、文案策划背景分析

对广告文案进行策划前,深入了解本次文案的背景至关重要。不同营销活动阶段的广告目的、主题和投放媒介可能各有差异,因此对文案的设计要求也会有所不同。在策划前,要全面了解广告文案的背景,确立策划的基调。文案策划背景分析通常包括以下几个方面。

(一)活动背景

活动背景主要包括营销活动背景、广告投放的时间、投放媒介,以及面向的目标群体等。

(二)广告目标

明确广告设计的目的,如品牌形象塑造、竞品认可度提升、短期内销售额增长或品牌推广等。广告文案策划应围绕企业目标,助力实现整体营销战略。

(三)企业促销政策

大多数广告文案旨在提升产品销量,因此需要在文案中传达促销政策。策划前要明确促销政策,并考虑如何巧妙地融入文案,清晰地传达给目标受众。

二、广告文案目标确立

根据文案策划的背景,确立本次广告文案的具体目标。文案目标是指策划与制定出来的广告文案最终要达到的目的,它是整个文案策划的指挥棒,文案中各要素的组织和设计,都要围绕这一目标来展开。常见的文案目标主要有:强化企业和品牌形象;传播企业和产品理念;强调产品核心竞争力;传播具体促销信息;吸引新顾客并提高顾客忠诚度等。

三、相关广告信息搜集

广泛搜集相关广告信息,为策划文案提供基础,包括:搜集竞品和同类型产品的广告文案;本产品的历史广告文案;经典的和当前热门的广告文案。同时,也要搜集此次广告文案投放的相关信息,例如传播目标对象、广告呈现方式、广告时长、页面要求等内容。

四、设计广告文案的四大内容

在前述三项工作完成的基础上,需要运用专业方法,对广告的标题、正文、广告语、随文四个部分分别展开设计,再考虑如何将这些内容有效整合,以实现广告目的。

五、广告文案的修改完善

广告文案策划是一个反复修正的过程。初稿完成后,首先要在项目组内进行讨论和提议,随后提交上级部门审核,根据反馈进行及时修改和完善。经过多轮修订,最终形成一份精练、有效的广告文案。

知识链接

一、广告文案的概念

（一）广告文案的含义

广告文案是指广告作品的语言文字部分,是表现广告创意的重要手段之一。广告中的语言文字是广义的语言文字,既包括广告中使用的全部语言字符,也包含与语言意义相对应的表意符号。例如,代表中国电信的商标图案、奥运会的五环标志等具有明确语义的象征性符号。

(二)广告文案的构成

广告文案是由几个关键部分组成的综合体,主要包括标题、正文、广告语和随文。尽管某些广告创意可能会在这些部分之间创造一些重叠或模糊界限,但每部分的独特功能和作用都会以某种形式呈现出来。

二、广告标题

(一)广告标题的定义

广告标题是整个广告文案乃至整个广告作品的总题目,也是广告的主题。标题是广告内容和属性的高度浓缩和概括,回答该则广告是什么、属于谁的问题。广告标题是整个广告内容的引领,强调广告中最重要的信息以吸引受众对广告的注意力。人们在阅读和收看一则广告时,通常首先关注的是其标题。广告标题的成功与否直接影响着广告的效果,在整则广告中具有重要地位。

(二)广告标题的作用

1.引人注目

富有创意的广告标题能吸引受众的注意力,激发受众对广告的兴趣,增强受众了解正文的意愿。广告的标题,不但能使关心某种商品的消费者深入了解广告文案的正文,而且还能引起潜在消费者的注意,并使之产生兴趣。被称为"广告教父"的大卫·奥格威曾说过:"读标题的人平均为读正文的人的5倍。换句话说,若是你没有在标题里写点什么有推销力的东西,你就浪费了客户所花费用的80%。在我们的行业中最大的错误莫过于推出一则没有标题的广告。"为了推陈出新、吸引眼球,广告设计者通常都会在标题上下功夫,比如通过制造悬念、制造争议等方式。例如,一款防水休闲鞋的广告标题"鞋上有342个洞,为什么还能防水?"就是通过提出疑问的表述,引导公众进一步阅读该广告。

2.促进购买欲望

好的广告标题能够激发消费者强烈的购买意愿,促使消费者购买该商品。比如,广告标题可以通过凸显商品和服务的实惠性来吸引消费者。这里的实惠性涵盖产品的经济价值、使用便利性,以及提供的其他额外价值。通过强调这些实惠要素,广告标题能够激发消费者的购买意愿。

假设一家超市希望吸引顾客，它可能会使用这样的广告标题——"批发价、零售卖"，这个标题直接传达了价格优势，即消费者可以以接近批发的成本价购买此商品。这种实惠性的信息往往能够迅速吸引顾客的注意，并激发他们的购买欲望。

（三）广告标题的类型

以广告标题是否直接地表现广告信息为分类标准，广告标题可以分为直接标题、间接标题、复合标题三种结构类型。

1. 直接标题

直接标题又被称为直接诉求式标题。这类标题将所要宣传的事物或情况直接表达出来，让人一眼就明白广告究竟要说什么。如某保险公司的广告标题"×××保险保太平"。这类标题直接把产品的特点与优点告知顾客，让顾客一目了然。

2. 间接标题

间接标题是一种不直接明示广告主题，而是通过巧妙的手法间接宣传产品功能和特点的广告策略。这类标题通常采用暗示或引导的方式，激发消费者对广告产品功能和特点的好奇心，使他们关注广告的其他信息。

间接标题的核心目的在于引起消费者的兴趣，促使他们阅读广告正文，以获取更详细的信息。例如，某燃气灶广告的标题"好火好生活"，并没有直接介绍产品的具体特性，而是通过富有想象力的语言，传达了产品能够提升生活品质的概念。

3. 复合标题

复合标题通常由引题、正题、副题组成。引题起引导作用，引出正题来。正题揭示主题，副题是对正题的补充、说明、延伸，表现产品的名称、型号、性能等，扩展正题的含义。复合标题在实际运用中主要有三种组合方式。

（1）引题、正题和副题组合式。

以下是某房地产企业的广告。

引题：××城市花园告诉您。

正题：不要把所有的鸡蛋都放在同一个篮子里。

副题：购买富有增值潜力的物业，您明智而又深远的选择。

（2）正题与副题组合式。

正题与副题组合式又分两种方式。

一是正题在前，副题置后。例如，某品牌变频空调广告"巅峰之作领先上市（正题），全球首款1赫兹U系列变频新品（副题）"。

二是副题在前，正题置后。例如，某品牌重卡推广会广告"××重卡20大型推广会（副题），××重卡品质行天下（正题）"。

（3）引题和正题组合形式。

例如,"哇!他们为什么要惊叫?(引题),全新64位数据库服务器——×××电脑中国公司(正题)"。

(四) 广告标题的表现形式

广告标题的表现形式通常分为以下十种。

1. 真诚式标题

标题设计的艺术在于建立一种真诚和坦率的沟通方式,就像交朋友一样,没有真诚就不会赢得信任和友谊。例如,流行歌曲《我很丑,可是我很温柔》的歌名就采用了直白的手法,通过自嘲表达了真实和亲切,这种方式是直接而个人化的。

在创作广告标题时,我们可以借鉴这种真诚交流的方式,以务实和真实为基础,让消费者感受到商家的真诚。通过说真话,我们可以创造一种一对一、面对面的沟通感。

例如,我们要推广一款外观不起眼但味道绝佳的零食,我们可以从人们的真实看法出发,设计一个能够引起共鸣的标题。比如,"有哪些零食,大家以为普通,却美味到爆?"这样的标题以事实为出发点,同时突出了产品的美味,这是视频内容的重点。使用"大家以为普通"这样的表述,以一种坦率而真诚的态度,立即建立起与消费者的信任关系。通过承认产品的某些不足,同时强调其真正的价值,可以更有效地吸引消费者的注意,并激发他们对产品的兴趣。

总之,广告标题的设计应该追求真诚和真实,通过直接而亲切的语言,建立起与消费者的沟通桥梁,传递产品的核心价值和信息。

2. 特写镜头式标题

设计广告标题时,关键在于精准定位目标受众,就像将镜头拉近,对目标顾客进行细致的观察和深入的理解。通过这种方式,企业可以更真实、更具体地了解目标受众的需求和期望。

视频营销的一大优势在于其能够实现精准推送,就像使用无人机进行空中定位一样,能够直接瞄准目标受众。利用大数据技术,可以确保视频内容与目标受众的个人兴趣和需求紧密相关,从而提高信息的吸引力和相关性。

例如,我们在网上看到的视频标题"显高的穿衣效果",显然是针对那些关注穿衣打扮的受众。进一步分析,我们可以推断出,这类视频可能特别吸引那些希望改善身形比例的较矮人士。

原标题:显高的穿衣效果。

新标题:150—165厘米的女生怎样变高挑?

原标题像是一个广角镜头,捕捉了一个宽泛的场景,但缺乏针对性。相比之下,新标题则像是将镜头拉近,聚焦于特定个体,提供了更加具体和个性化的信息。

通过将沟通方式从广角镜头转变为特写镜头,我们能够更清晰地看到目标受众的特征,并根据这些特征来推敲和满足他们的需求。正如与人交流时需要眼神接触一样,广告文案的标题也需要与目标受众建立近距离的交流,深入了解其身份和特点。

在创作广告标题时,应深入分析目标受众的特征,然后根据这些特点来设计能够引起他们共鸣的标题。这样的标题不仅能够吸引目标受众的注意,还能够传达出广告内容的价值和相关性,从而有效地促进目标受众的参与和响应。

3.痛点、爽点式标题

根据企业的产品能够给消费者解决的消费者痛点、爽点来设计广告文案的标题。

（1）痛点。

痛点是消费者感到困扰、恐惧或需求未得到满足的地方。想象一下,你预约的车已到门口,你却找不到钥匙,这便是一个典型的痛点。这种日常问题可以启发我们为收纳产品设计更具针对性的标题。

原标题:小物件收纳。

新标题:告别出门找不到钥匙的烦恼。

在这个例子中,新标题直接指出了产品如何解决一个具体问题,即找不到钥匙的烦恼。这种以痛点为中心的标题不仅可以吸引消费者注意力,还为视频内容提供了创意方向,即讲述一个关于找不到钥匙的故事。

（2）爽点。

爽点则是消费者从产品或服务中获得的即时满足或利益。例如,某饮料广告中的"晶晶亮,透心凉"就是一个经典案例。其中,"晶晶亮"描述了产品特性,而"透心凉"则传达了消费者能够立即感受到的爽点。还有某CPU制造商口号:"给电脑一颗奔腾的'芯'。"在这些例子中,"透心凉"和"一颗奔腾的'芯'"都是以消费者为中心的爽点,它们强调了产品带来的即时好处和极致体验。这种直接、简洁的表达方式,能够迅速地向目标受众传达产品的特点,给人留下深刻的印象。

4.威胁式标题

"不××,结果便会××"是威胁式标题的典型写法,"坏结果"是构思的出发点,可是结果坏到什么程度,需要好好拿捏。例如:

"不懂得收纳,他只好离你而去。"

"肥胖带来的危害。"

5."这怎么可能"式标题

人们对不可思议的事情感兴趣是一种本能。利用这种本能,在设计标题时加上关于难以完成的使命的惊叹词就可以了。例如:

"花300元,家里多了间阳光房。"

"20元做一顿晚饭,10分钟内全家抢光。"

"用中午叫外卖的预算过奢华的生活。"

6.新闻式标题

新闻式标题是一种广告策略,它通过借鉴新闻标题和导语的写作风格,以增强广告的新奇性和可信度。将广告信息当作新闻来处理,可以吸引受众的注意力,并提高信息的吸引力。创建具有新闻感的标题通常遵循三个步骤。

第一步,树立新闻主角。确定新闻的焦点,可以是品牌本身,或者是与知名品牌或事件相关联的产品。

第二步,加入即时性词语。例如,使用"现在""今天"等词语,营造紧迫感,鼓励消费者立即行动。

第三步,使用重大新闻常用词汇。例如,采用"全新""新款""引进"等词汇,强调信息的重要性和新颖性。

这里举一个真实案例:小华从国外引进了一款新配方咖啡,这款咖啡营养丰富、能量充足,具有明显的饱腹感,有助于控制食量和保持身材。他打算在微信公众号上推广这款咖啡。原标题为"新款咖啡饱腹感强,节食减肥神器"。公众号阅读量在3500—5000次。小华后来将标题改为新闻式标题:"××新发现:喝这杯饱含油脂的咖啡,居然能减肥!"这一改变使得标题更具新闻性和吸引力。3天后,阅读量飙升至近万次。小华的策略是采用媒体记者的报道角度,将品牌广告转化为引人注目的新闻,从而显著提升了标题的吸引力和广告效果。通过这个案例,我们可以看到,将广告标题设计成新闻式,能够有效地提高受众的兴趣和参与度,增加广告的传播效果。

7.好友对话式标题

好友对话式标题,其文案具有一种亲切、直接的写作风格,它模仿与朋友之间的对话,以拉近与受众之间的距离。创建这种类型的标题通常遵循三个步骤。

第一步,使用"你"。在标题中直接使用"你",因为人们更容易记住与自己有关的信息。

第二步,口语化表达。将书面语言转换为口语,模拟朋友间的自然交流。

第三步,加入情感词汇。使用惊叹词或情感丰富的语言,传递激情和紧迫感。

同样举一个例子:张某某是一位在快消品电商界享有盛誉的微信公共关系宣传文案作者,其公共关系宣传文案带来的销售业绩远超广告成本。现在有机会邀请他来你的公众号分享经验。原标题是:"微信文案大咖战绩辉煌,周六线上授课。"优化后的标题为:"他写微信公共关系宣传文案赚了1173万元,愿意手把手教你文案秘籍——只在本周六!"两相对比,显然优化后的标题因为采用了好友对话式的风格,而更加直接和吸引人。它不仅传达了课程的价值和紧迫性,还创造了一种独家的、不容错过的感觉。

这种标题的优势在于:①个性化,使用"你"直接与受众建立联系;②亲切感,即口语化的语言让受众感觉像在和朋友聊天；③情感投入，惊叹词和情感词汇激发受众的兴趣和好奇心。通过这种方式，广告文案的标题能够更有效地吸引受众的注意力，并激发他们参与的欲望。

8.实用锦囊式标题

实用锦囊式标题是一种直接针对读者需求和问题的广告策略，它通过提供具体的解决方案来吸引读者的注意力。创建这种类型的标题通常遵循两个步骤。

第一步，指出读者的具体苦恼——识别并描述读者可能面临的问题或挑战。

第二步，提供圆满结局或破解方法——展示一个理想的结局或提供解决这些问题的方法，让读者感受到解决问题后的积极效果。

假设我们有一个课程，由××教授主讲，旨在提高阅读速度。原标题是："××教你十倍速读。"优化后的标题为："新年礼物——即使拖延症晚期，也能在1年内读完100本书。"优化后的标题直接触及读者可能的苦恼——拖延症和阅读效率低，然后提供了一个具体的解决方案——一年内读完100本书，这听起来既具有挑战性又令人向往。此外，将标题与"新年礼物"联系起来，还创造了一种节日氛围，增加了标题的吸引力。

9.设计惊喜优惠式标题

设计惊喜优惠式标题是一种吸引消费者注意力的有效方法，通常分为三个步骤。

步骤一，直接陈述产品亮点。明确指出产品的吸引力，如高人气、高销量、明星推荐或与知名品牌相媲美的特点。

步骤二，明确具体的优惠策略。清楚地告诉消费者将获得的具体优惠，如折扣幅度或特价信息。

步骤三，强调限时限量。通过设置时间或数量限制，创造紧迫感，促使消费者立即采取行动。

以某德国品牌的净水壶广告为例，原标题可能较为普通，经过优化后的标题为："今天免邮，2.5亿人选择的德国净水壶，限时半价仅需90元。"这个标题很好地融合了上述三个要素：它首先突出了产品的高人气和广泛认可（"2.5亿人选择"）；接着明确了具体的优惠（"限时半价"）；最后通过价格点（"仅需90元"）和限时免邮的促销策略，增加了吸引力。

10.故事式标题

人们大多爱听故事，把广告标题包装成故事标题，吸引力就大大增加了。故事式标题有两种，顾客见证式与创业故事式。

（1）顾客见证式标题。

这种标题通过展示一个从不利开局到圆满结局的转变，来吸引消费者的注意。例如：

原标题:销售技巧分享。

优化后的标题:同事眼中的"拙技"让我成为公司年度销售冠军。

通过展现一个明显的反差效果,这种标题能够激发消费者的好奇心。

(2)创业故事式标题。

这类标题通过突出创始人的背景与所从事事业之间的反差,来吸引受众的兴趣。可以利用创始人的学历与职业反差、创始人的年龄反差、创始人的境遇反差、消费者对产品或服务的回应反差等来设计标题。例如:

原标题:烧烤店的成功故事。

优化后的标题:汽车总监辞职卖烧烤,半年内月销售额从6万元飙升至30万元!

这种标题通过展示创始人的非凡转型和业务的惊人增长,展示了强烈的反差效果,从而吸引消费者的注意力。

三、广告正文

广告正文是广告文案的主体部分,是陈述广告信息的内容和对标题的进一步解释、延伸。

(一)写作结构

广告正文是传递广告信息的重要组成部分,它通常由三个关键部分构成:开头、中间段和结尾。

1.开头

开头部分的首要任务是吸引受众的注意力,并自然地将他们的注意力从广告标题转移到正文内容上。这可以通过两种主要方式实现:第一种方式是承接标题,将开头部分与标题紧密关联,延续标题中提出的问题或话题;第二种方式是总结全文,简要概述广告正文将要讨论的主要内容。

2.中间段

中间段是广告正文的核心,这部分用于详细介绍产品的特点和消费者购买的理由。因此,在中间段中应该提供详尽的信息,帮助受众理解产品的独特价值和优势。

3.结尾

结尾部分是广告正文的收尾,其主要目的是激励受众采取行动。这通常通过以下几种方式实现:强调购买的紧迫性,如限时优惠或库存有限;提供明确的行动号召,如"立即购买"或"注册免费试用";重申产品的主要好处,以强化受众的购买意愿。

广告正文的结构应该流畅且逻辑清晰,确保受众能够自然地从开头过渡到中间段,再从中间段平滑地转向结尾,并最终被激励采取行动。通过精心设计的广告正文,可以有效地传达产品信息,激发受众的兴趣,并促进销售转化。

（二）表达方式

1. 简介体

简介体的表达方式可以简明扼要地介绍企业的情况、商品的性能特点、服务的风格特色等。这种表现形式的特点是客观、冷静、有条不紊，适合于文字较多的媒介。

2. 新闻体

新闻体的表达方式是采用新闻报道的形式和写作技巧来撰写广告正文。这种方法特别适用于报纸、广播和电视等传统媒介，因为它能够利用新闻报道的权威性和可信度来提升广告内容的吸引力。

例如，下面这则新闻体广告便是一个典型案例："新春时节，××传喜讯，新华社公布了轻工业部（现工业和信息化部）质量等级公报，国家家用电器质量监督检验中心对电冰箱九个指标进行测试，按国际标准划分等级。××冰箱跃入国际先进水平A级（优良）行列。"

3. 分列体

分列体的表达方式是把主要的广告信息分为若干项并一一列举的表现形式，其特点是使广告受众在阅读中能够对广告的信息一目了然。

4. 故事体

故事体广告正文是一种通过讲述与广告信息紧密相关的故事来传达内容的写作形式。这种形式采用第三人称叙述，将人物的经历和故事情节通过语言文字生动地展现出来，以此吸引受众的注意力。

故事体广告正文的特点是故事的开端和发展过程设计得引人入胜，能够激发受众的好奇心和阅读兴趣；通过人物的经历和情感变化，与受众建立情感联系，使信息更加贴近人心；故事中展示的事件处理和产品介入带来的积极结果能够有效地说服受众。

5. 对话体

对话体广告正文是一种通过模拟日常对话来呈现广告信息的写作形式。这种形式的特点是使用贴近生活的语言，创造出一种自然、朴实的交流氛围，从而增强广告的吸引力和可信度。

以某品牌健康平衡盐的广告正文为例，通过母女之间的对话来介绍产品的特点。

母亲："佳佳，快！帮我到楼下买包盐。"

女儿："好的，妈妈！"

母亲："记得要买××牌健康平衡盐。"

女儿:"盐不都是差不多的吗?"

母亲:"不一样哦,××牌健康平衡盐含有科学配方,能帮助我们平衡体内元素,更健康。快去快回,我们今天做菜就用它了。"

女儿:"知道了,妈妈。我这就去买××牌健康平衡盐。"

通过这段对话,广告正文巧妙地传达了产品的独特卖点,即科学配方和健康益处,同时通过母女间的互动,增强了广告的亲切感和说服力。

6.幽默体

幽默体广告正文是一种采用幽默语言风格来表达的广告形式。这种正文通过趣味性的表达,为受众营造一种轻松愉悦的阅读体验,从而吸引消费者的注意力并激发他们的兴趣和购买欲望。

当前流行的"反向凡尔赛文学"就是一种典型的幽默体表达方式。这种文体开头看似在炫耀,但随着阅读的深入,受众会发现实际上是在自嘲,形成了一种出人意料的反转效果。

以这种风格设计的广告正文通过将"昂贵"与"实惠"进行对比,形成反差效果,例如:

开头:"看这满屋子的奢侈品,我真是个购物狂。"

结尾:"但谁能想到,这些都是我在××平台用优惠券买的呢?省钱小能手就是我!"

通过这种幽默的反转,广告不仅传递了产品或服务的优势(如价格优惠、性价比高等),还展现了品牌的风趣和智慧,使受众在轻松的氛围中接受广告信息。

四、广告语

(一)广告语的定义

广告语又称广告口号、广告标语,是为了加强诉求对象对品牌、企业、产品或服务的印象而在广告中长期、反复使用的简短口号性语句。它基于长远的销售利益,向消费者传达一种长期不变的观念。例如,某通信企业的广告语"沟通从心开始",被誉为"珠宝大王"的戴·比尔斯的广告语"钻石恒久远,一颗永流传",某知名白酒品牌的广告语"何以解忧,唯有杜康"等,都是大众耳熟能详的经典广告语。一般而言,广告语的创作有以下四项基本要求。

(1)主题鲜明。要求广告语的内容具体,表达明确的感情态度。

(2)亲切友善。要求语言的设计体现真挚的感情,切忌态度冰冷、带有威胁语气。

(3)语言简洁。要求用简短且清晰的语言表达需要传递的信息。

(4)富有文采。要求具备一定的语言艺术,或借鉴名言名句,能让人印象深刻,引起情感共鸣。

（二）广告语的特性

不同企业和产品的广告语千差万别，但作为企业向大众传递信息的关键语句，它们又都体现了以下一些共同的特性。

1. 简短有力的口号性语句

广告语要简短精悍，容易辨识和记忆，体现口语化的风格，朗朗上口，便于传播。回想一下，某矿泉水的"××××有点甜"，某羊毛制品企业的"×××，羊羊羊"，某凉茶饮料的"怕上火，就喝×××"，这些广为流传、让人耳熟能详的广告语，都符合简短有力的口号性语句特征。

2. 单一明确的观念性信息

观念性信息，是指企业或产品的核心观念。好的广告语，能清晰准确地传递关键信息。例如，某电器企业的"××，掌握核心科技"，某运动品牌的"一切皆有可能"等广告语，都明确地传递出企业的理念。

3. 长期广泛地反复使用

企业或产品的广告语，通常会在如报纸、杂志、网页、移动终端、视频等多种媒介上呈现，为了给受众群体传播统一的企业形象，广告语需要以同一面貌、同一位置、同一书写方式出现。如某运动品牌企业的广告语"一切皆有可能"，就在不同海报中反复使用。

（三）广告语和广告标题的区别

在前面的内容中，我们学习了广告标题，它与广告语的区别是我们在广告文案的策划过程中需要特别注意区分的。广告语和广告标题的区别，主要表现在内容、作用、时效、位置四个方面，如表1-11所示。

表1-11 广告语和广告标题的区别

区别点	广告标题	广告语
内容	与广告具体内容紧密相关	长期观念，与广告具体内容可以不紧密相关
作用	吸引和引导受众继续接触广告内容，注重即时作用	传达长期不变的观念，注重长期效果
时效	只在一则广告作品中使用	较长时期内持续使用
位置	放在篇首，排列鲜明、醒目	较灵活，一般在结束位置

值得注意的是，有些情况下，广告口号和广告标题，由于广告创意和执行者的构想，偶尔也会出现两者之间互相转化的现象，此时会出现广告口号即广告标题或广

告标题即广告口号,两者在广告文案中等同的情况。

(四)广告语内容的构思方向

企业和产品的物理特性、优势、给客户带来的利益、形象多种多样,使广告策划人员往往在提炼广告语时感到无从下手。那么,应该从哪些方面来提炼广告语呢?一般而言,在进行广告语构思时,主要从以下三方面着手展开构思。

1.企业形象

企业形象是公众基于企业的多个方面,如产品特性、市场策略、领导风格等形成的对企业的全面印象。它是企业精神和文化的具体体现,也是在社会公众与企业互动过程中形成的综合感知。

从企业形象提炼广告语的内容,包括:

(1)企业的历史。例如,不同白酒企业的广告语"品味中国,××××""名门之秀×××,香醉人间三千年"等。

(2)企业的现状。例如,某饮用水企业的广告语"我们不生产水,我们只是大自然的搬运工",某互联网企业广告语"××,网聚人的力量"等。

(3)企业的核心理念。企业的核心理念能反映企业最本质的特征,决定了消费者如何看待企业和它所提供的产品。企业的核心理念包括企业的目标、宗旨和精神,如某电器集团广告词"敬业报国,追求卓越";企业的价值观和服务原则,如某奶粉企业的广告语"××奶粉,专为中国宝宝设计";企业对消费者和社会的承诺,如某涂料企业广告语"×××,马上住",某二手车企业广告语"××二手车,没有中间商赚差价"等。

2.品牌形象

品牌形象是企业或其品牌在市场和社会公众心目中所呈现出来的独特个性和特征。它是消费者对品牌所有认知和情感联想的总和,不仅体现了消费者对品牌的整体评价,也映射了品牌在消费者心中的印象和地位。从品牌形象的角度出发,来构思广告语,需要注意三个方面。

(1)独特定位。

独特定位是指在进行广告语的构思时,要把品牌鲜明而独特的定位作为广告语的首选内容。例如"可以吸的果冻",明确了产品的差异地位;"不是所有的牛奶都叫×××",明确了产品的利益定位。

(2)品牌个性与观念。

品牌个性与观念是指将品牌的鲜明个性或观念,作为广告语的构思内容。例如某运动品牌的广告语"Just do it",清晰地表达了品牌个性;某健身软件的广告语"自律给我自由",明确了消费观念的诉求;某汽车企业的广告语"车到山前必有路,有路必有××车"，表达了品牌精神。

（3）情感关联。

情感关联，即借助广告语建立与消费者的情感联系，以某种情感唤起诉求对象的肯定与支持。例如"××，中国造"，打出国家的旗号，增加一个"造"字，简洁有力、底气十足，增强了受众群体的民族自豪感；某通信企业的"情系中国结，联通四海心"，该企业的标志是一个中国结的形象，本身就充满了中国情结。它把自己的标志和品牌名称自然地融入广告语中，从外表到精神做到了和谐统一，体现了企业的家国情怀。

3.产品特性

产品特性是产品可以满足人们需求的载体，包括它所具有的性能、外观、材质、配件等有形内容，也包括给人们呈现的感知和氛围等无形内容。从产品特性出发，来构思广告语，有两个常见思路。

（1）独有优势。

挖掘产品与竞品相比所具有的独特优势，包括产品的性能优势、技术优势、材质优势、价格优势、购买便利优势、企业的服务优势、历史优势等，并将其以广告语的形式进行传播。例如，某制药集团广告语"纯天然，××制药"，挖掘的是产品材质方面的优势；某空调企业的广告语"家有××，冬暖夏凉"，表达的是产品性能优势；"××巧克力，纵享丝滑"，展示的是产品口感的优势。

（2）消费者利益。

向诉求对象明确承诺产品独有的消费利益，包括实际利益和心理利益两方面。例如，某洗衣粉的一则广告语，将消费者实际利益和心理利益两者完美结合——"只买对的，不选贵的"，既表达了产品洗涤功能的优势，又明确向消费者传递了产品价格实惠的强大吸引力。

（五）广告语的表现形式

常见的广告语的表现形式有如下七类。

1.夸张型

在广告创作中，以事实为基础，适度夸大商品的用途或使用效果，是一种常见的艺术手法。这种手法能够更生动地突出商品的特点，增强广告的艺术表现力，同时为广告增添丰富的情感色彩。通过这种方式，广告能够吸引受众的注意力，并在他们心中留下深刻印象。

例如，"××××羊绒衫，温暖全世界"，这句话通过夸张的手法，传达了羊绒衫带来的温暖感觉是广泛而深远的；"××有主，一家无忧"，这个表述通过简洁有力的语言，暗示了使用某商品或服务可以为家庭带来全面的保障和安心。

2.比喻型

运用比喻手法,可以把抽象陌生的事物表现得形象亲切,使广告词更形象地表达出商品所具有的特点,化平淡无奇为生动有趣,让广告语言更加新颖,令人过目不忘。例如,某巧克力"纵享丝滑,牛奶浓香,丝般感觉",运用比喻手法,把巧克力的口感比喻成丝绸,让人在脑中自然浮现出触摸柔滑丝绸的感觉,有效地突出了产品口感细腻的卖点和特色,引发消费者联想,生动形象。

3.对偶型

对偶型,即通过把两组字数相等、结构相同或相近的语句对称地排列在一起,来表达相同、相关或相近的含义,使广告语言对仗工整、整齐均匀、句式流畅,音韵和谐,便于记忆和传播。

例如,某芝麻糊企业的广告语"一股浓香,一缕温暖",用对偶句的形式把"浓香"和"温暖"联系起来,表达了黑芝麻糊芳香可口的特点,也体现出产品一贯坚持的"老品牌、老味道、能唤起童年温暖回忆"的品牌形象。

4.拟人型

拟人是一种将人类特质赋予非人类事物的修辞手法,在广告中,它通过将产品特性与人物个性或情感相结合,创造出具体、形象且感人的表达效果。这种手法通过把产品当作具有人类特质的实体来描写,使产品的物理特性更加生动和易于理解。在广告语中运用拟人手法,可以赋予企业和产品以人格化的特征,从而让人们在情感上产生共鸣和深刻的体会。

例如,某休闲服饰企业的广告词"不走寻常路",就是拟人化手法的典型应用。这句广告词简洁而富有力量,将企业追求创新、勇于挑战的理念,与具有自信、追求个性的年轻人形象相融合,使消费者产生共鸣,加深对品牌的印象,提升了品牌形象。

5.谐音型

在广告创作中,运用谐音或改动熟悉句子和成语的手法,是一种常见且有效的策略。这种方法通过音同或音近的字替换原有词汇,创造出新颖的表达方式,既让人感到熟悉,又能带来新奇感,从而便于记忆和传播。这种手法的巧妙之处在于它能够在不显著改变原有语境的情况下,传达出双关或多层次的含义。

例如,某购物平台的广告语"'尚'××,就'购'了",这句话中的"购"字与"够"字谐音,既表达了商品的充足性,暗示商品值得购买,又直接指向了购买行为。"尚"字与"上"字谐音,一方面强调了商品的时尚性,另一方面也暗示访问该网站可以满足购物需求。通过这种一语双关的表达,广告文案不仅风趣幽默,还能够增加趣味性、强化记忆点、传递深层含义。

再例如,一个咖啡品牌使用"'啡'常时刻,尽享生活"("啡"与"非"谐音)这样的广告语既传达了咖啡的常态化消费,又强调了享受生活的理念。

总之,运用谐音或改动词汇的手法,能够让广告文案更加生动有趣,同时有效地传递了品牌信息和产品特性,增强了广告的吸引力和传播力。

6.幽默型

幽默广告以其轻松诙谐的风格,能够让消费者在放松的心态下接受广告信息。这种广告通过创造一种兴奋和愉快的情绪体验,不仅能够给消费者留下深刻的印象,还有助于塑造其对广告和品牌的积极看法。在运用幽默创作广告时,需要注意两个关键点:一是紧扣诉求点,二是适度幽默。

例如,某品牌的红烧牛肉方便面的广告语"就是这个味儿",用轻松愉快且口语化的简洁语言,把产品特色和对产品的肯定合二为一,产生了非常好的传播效果。

7.反复型

在广告创作中,反复是一种有效的修辞手法,通过重复使用特定的词语或短句,可以加强信息的传递效果,使广告对象的某些特征更加突出和令人难忘。

一些经典的广告就采用了反复的手法来加深受众对品牌或产品特性的印象。如"×××,羊羊羊",这句广告词通过简短的六个字,不仅强调了企业名称,也反复突出了产品的主要材质——羊毛。在电视广告中,通过连续朗读三遍的形式,进一步强化了这一反复效果,使得广告语深入人心,成为一句广为人知的经典广告语。

(六) 拟写广告语需要注意的地方

1.简洁精练,通俗易懂

语言文字要简单、明了、表意清晰,不宜使用艰涩难懂的字词,也不宜将广告语的字数设计得太多,要方便大众识记和传播。

2.新奇独特,措辞巧妙

在深入理解企业形象、品牌定位的基础上,将创意融入进去,才能形成独特的广告词,切忌简单地模仿其他广告语。

3.突出个性,表现特征

在拟写广告词的时候,一定要从设计理念、服务宗旨、社会责任、企业形象、品牌概念,到外观、材质、服务、技术、口碑等方面,对企业和产品进行深入挖掘,再提炼精华。

4.把握受众,鼓动性强

构思广告语时,要找准产品的目标群体,针对目标群体的诉求、情感来展开设计,以达到打动人心的目的,切忌诉求点过多,削弱了广告语的针对性。

（七）提炼广告语的方法

1.先加后减

在创作广告语时,先做加法,再做减法。

首先,开始创作时,不需要给自己限定范围,可以"异想天开",可以"画蛇添足",把能想到的关键词句都列出来。图1-6是某品牌用"做加法"来为产品提炼广告语,主要围绕产品耐力展开,这些文案没有限定创意思维,充分利用修辞手法进行思维扩展。

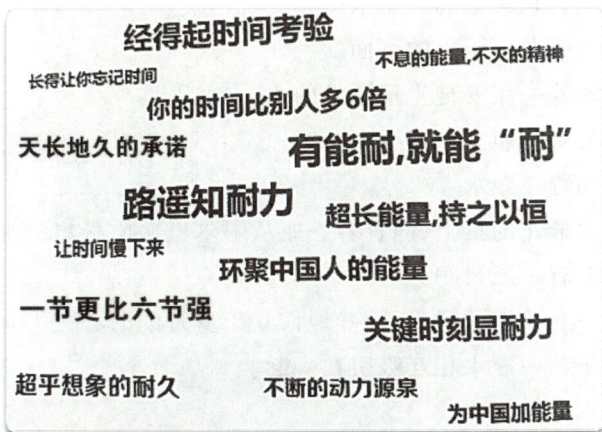

图1-6 某品牌通过"做加法"为产品提炼广告语
（资料来源：网络图片）

其次,筛选用"做加法"得到的大量文案,删减掉那些不必要的文字、词语,从中选出最精简、最能表现商品特点的文字,让文字以最精简的语言表达出最精准的意思。图1-7是某品牌在"做加法"的基础上,对文案"做减法",减去不精简的文案,留下三个较好的文案,注意避免使用那些笃定表达"自己的商品是最好的"的文案。

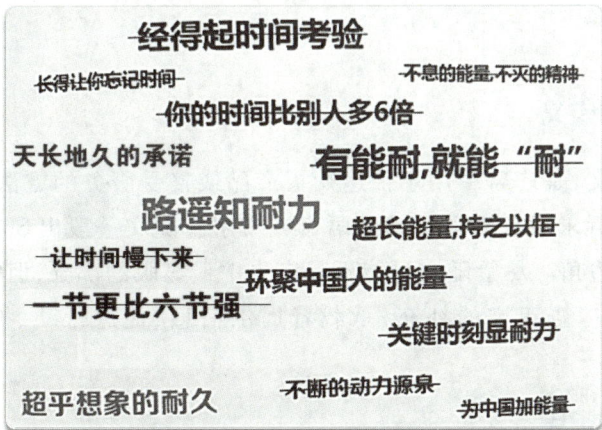

图1-7 某品牌通过"做减法"为产品提炼广告语
（资料来源：网络图片）

2. 穷举法

穷举法也称为列举法，就是在原句的基础上进行多样化的再创作，如在原句上添加词语、添加标点、重新断句等，形成完整的广告语。利用穷举法提炼广告语可以生成很多新的创意。如下所示：

原句：桌上有瓶水。

加入数字：桌上有一瓶水。

加入标点：桌上。有。一瓶。水。

设问：桌上有一瓶水？是的。

反问：难道你没看到桌上的一瓶水？

角度反转：桌子放在一瓶水的下面。

用典：桌子上放着一瓶安徒生童话里的水。

加入英文：桌上有一瓶water。

口语化：桌上搁着一瓶水。

尊贵：一张檀木雕花的桌上，静置着一瓶从阿尔卑斯山采集的水。

加入术语：桌上有一瓶H_2O。

小资：是这样一瓶淡淡的时光，静静地伫立于岁月的耐心之上。

其他角度：桌子与一瓶水相互吸引在一起。

……

3. 收集素材

要求广泛收集同类商品的图片、网站页面、时尚杂志、自媒体上的文案、广告视频，或者跟广告文案关键词相关的名言名句、诗词等。在广泛收集材料的基础上，根据产品的整体营销目标，从中选择适当的内容要素，加以整合、修改、提炼，最终形成产品独特的广告语。

五、随文

（一）随文的定义

随文又称附文，是广告中用于传达购买产品或接受服务的方法等基本信息，旨在促进或者方便诉求对象采取行动的语言或文字。随文一般出现在影视广告的结尾或印刷品的最边角。尽管随文可能不是广告中最显眼的部分，但它绝不是可有可无的。随文作为广告正文的补充，承载着提供信息、促进行动、推动消费的重要使命。

（二）随文的内容

严格来说，随文包括以下内容：商品标识内容、企业标识内容、通信联络要素、价格表、银行账号、购买或获得服务的方法、权威机构认证标识或获奖情况、附言、表格和特别说明等。

常见的随文由以下四部分构成：购买产品或获得服务的方法；公司的网址、品牌名称与标志；标志认证；特别说明。

（三）随文的类型

按信息的内容划分，广告随文一般可以分为信息型、信息与劝导结合型、信息与表态结合型。

1. 信息型

这类随文只含联系购买信息，例如地址、电话、邮件、传真、邮编等信息，而不含其他内容。

2. 信息与劝导结合型

这类随文既含联系购买信息，又含敦促言辞。按表达方式的不同，又可以分为直陈型和婉转型。

（1）直陈型。

直陈型随文，即在广告页面直接写明购买信息和敦促言辞。

（2）婉转型。

婉转型随文，即制造场景、画面、氛围等形式，来表达敦促言辞，同时注明购买信息。

3. 信息与表态结合型

这类随文是既含联系购买信息，又表达广告主良好意愿的广告随文。

（四）随文的写作要点

第一，要根据正文的内容与风格拟写。
第二，不可罗列过多，要突出关键条文。
第三，防止遗漏重要项目。
第四，注意内容的准确性。
第五，将抽奖、赠券等内容加以突出标示。

他山之石

××空调促销广告文案

广告标题：4月11日—17日"只订，不卖"

广告正文：预交订金，十倍返还！4月18日、19日、20日，万人空巷抢××。××空调、空气能热水器、净水机、晶弘冰箱全系产品震撼出击。4月11日—17日，××各授权经销网店全面接受预订，4月18日、19日、20

日仅凭订金券购买。

广告语：好空调××造。

随文：全国热线：400836××××

四川热线：0288888××××

网址：××××

任务实施

· 明确工作任务

根据前述任务背景和知识链接，为即将在中秋节上市的"柳新"螺蛳粉月饼设计广告文案。

· 实施步骤

步骤一，策划小组内部成员进行分工，明确广告文案中背景分析、信息搜集、广告标题、正文、广告语和随文等各部分负责编写的人员。

步骤二，各部分负责人员完成编写并在组内汇报以达成广告文案各部分统一。并形成小组文案策划方案。

步骤三，以小组为单位，展示、汇报广告文案策划方案。

以上步骤可参考图1-8执行。

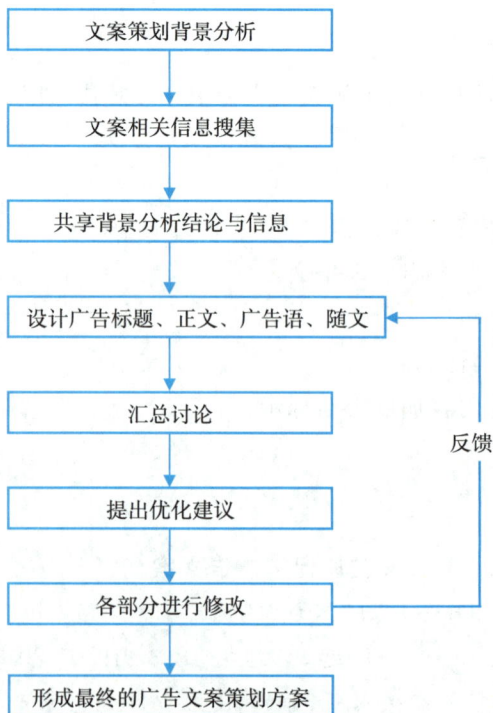

文案策划背景分析
↓
文案相关信息搜集
↓
共享背景分析结论与信息
↓
设计广告标题、正文、广告语、随文 ←
↓ |
汇总讨论 | 反馈
↓ |
提出优化建议 |
↓ |
各部分进行修改 ————————————————
↓
形成最终的广告文案策划方案

图1-8　广告文案策划的实施步骤

任务评价

一、任务完成评价

任务完成情况评价满分为100分。其中,作品文案为85分,提案(展示陈述)为15分。企业评价占比为40%,教师评价占比为40%,学生互评占比为20%。填写表1-12。

表1-12　任务完成评价表

评价指标		分值	企业评价	教师评价	学生互评	得分
作品文案	广告标题的创意性	25分				
	广告正文的结构	25分				
	广告语的亮点和针对性	25分				
	随文的合理性	10分				
提案	PPT设计	5分				
	语言表达	5分				
	形象	3分				
	团队配合	2分				

二、个人表现评价

对个人在完成工作任务过程的表现进行评价,侧重点在个人素质方面。按优秀(5分)、良好(4分)、一般(3分)、合格(2分)、不合格(1分)五个等级评价。个人表现评价分为学生自评与小组成员互评。完成表1-13。

表1-13　个人表现评价表

	素质点评价	得分
学生自评	团队合作精神和协作能力:能与小组成员合作完成项目	
	交流沟通能力:能良好表达自己的观点,善于倾听他人的观点	
	信息素养和学习能力:善于收集并借鉴有用资讯和好的思路想法	
	独立思考和创新能力:能提出新的想法、建议和策略	
小组成员互评1	团队合作精神和协作能力:能与小组成员合作完成项目	
	交流沟通能力:能良好表达自己的观点,善于倾听他人的观点	
	信息素养和学习能力:善于收集并借鉴有用资讯和好的思路想法	

续表

素质点评价		得分
小组成员 互评1	独立思考和创新能力:能提出新的想法、建议和策略	
小组成员 互评2	团队合作精神和协作能力:能与小组成员合作完成项目	
	交流沟通能力:能良好表达自己的观点,善于倾听他人的观点	
	信息素养和学习能力:善于收集并借鉴有用资讯和好的思路想法	
	独立思考和创新能力:能提出新的想法、建议和策略	
小组成员 互评3	团队合作精神和协作能力:能与小组成员合作完成项目	
	交流沟通能力:能良好表达自己的观点,善于倾听他人的观点	
	信息素养和学习能力:善于收集并借鉴有用资讯和好的思路想法	
	独立思考和创新能力:能提出新的想法、建议和策略	
小组成员 互评4	团队合作精神和协作能力:能与小组成员合作完成项目	
	交流沟通能力:能良好表达自己的观点,善于倾听他人的观点	
	信息素养和学习能力:善于收集并借鉴有用资讯和好的思路想法	
	独立思考和创新能力:能提出新的想法、建议和策略	
小组成员 互评5	团队合作精神和协作能力:能与小组成员合作完成项目	
	交流沟通能力:能良好表达自己的观点,善于倾听他人的观点	
	信息素养和学习能力:善于搜集并借鉴有用资讯和好的思路想法	
	独立思考和创新能力:能提出新的想法、建议和策略	

任 务 小 结

　　以小组为单位,分析本小组在创作广告标题、正文和广告语的过程中,是否使用了正确的方法,以及存在的问题与不足,并提出改进方法。同时思考:

　　(1)小组创作的广告标题有哪些亮点? 存在哪些不足? 如何改进?

　　(2)小组在创作广告语和随文时,如何与广告标题、正文相互呼应?

　　(3)在完成本项目学习过程中,你发现了哪些更好的创作广告语的方法?

知 识 训 练

　　1.什么是广告文案?

　　2.广告正文的表达方式有哪些?

　　3.广告语和广告标题有什么区别?

扫码答题

理论知识练习

实战训练任务4
广告媒介策划

任务分析

广告媒介策划是在广告发布前对媒介选择、组合、传播时机、目标和效果进行细致规划的过程。这一策划旨在确保广告信息能够高效地触达目标受众,从而实现企业的广告目标和策略。通过全面规划媒介策略,企业的广告传播将保持一致性、有序性和持续性,确保各项媒介活动与广告的核心方向和目标保持一致。

从广告策划和策略角度来看,媒介策略是现代广告的三大策略之一,与广告定位策略、创意表现策略共同构成广告活动的整体。广告信息的传播必须借助广告媒介来实现,离开了广告媒介,广告就无法发挥其功能和作用。因而,媒介策划是广告整体策划中的一个重要组成部分。

一般而言,广告媒介策划的基本流程(内容)如图1-9所示。

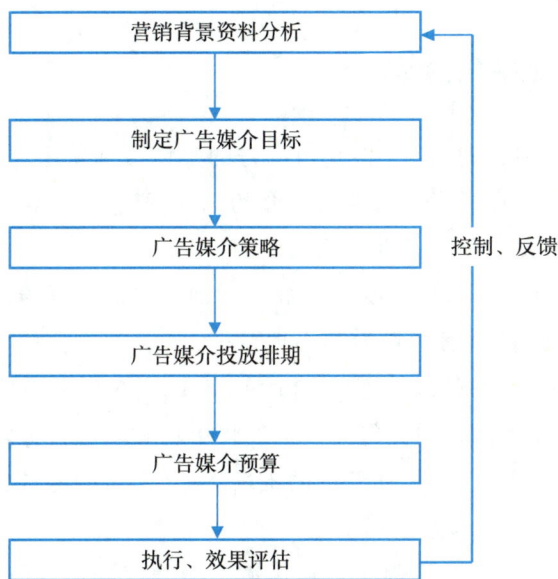

图 1-9 广告媒介策划的基本流程图

一、营销背景资料分析

媒介策划是广告策划中至关重要的一环，它发生在广告投放之前，是确保广告活动与企业整体营销战略紧密结合的策划过程。为了使媒介策划有效地支持企业的营销目标和策略，首要步骤是明确和梳理企业整体的营销目标、营销战略和策略、广告目标和广告策略等方面的决策规划，以明晰媒介策划的目标和方向。媒介策划需要分析的营销背景资料主要包括以下七个方面的内容。

第一，营销目标。明确广告活动的总体目标，这将决定广告定位、创意和媒介策略的基本方向。

第二，目标市场。了解目标市场的分布、规模和消费潜力，这些因素将直接影响媒介的选择和组合。

第三，目标对象。分析目标消费者的社会经济地位、消费习惯和媒介接触情况，这些是选择媒介的重要依据。

第四，广告策略。包括广告目标、定位、文案、创意和预算等，这些因素都与媒介选择和运用紧密相关。

第五，产品特性。产品自身的特性，如使用场合、需求复杂性等，可能会限制某些媒介的使用，或要求特定的广告排期方式。

第六，推广与销售策略。明确广告需要配合的市场活动和时间，确保媒介策划与销售策略同步，形成协同效应。

第七，竞争品牌的广告活动情况。全面了解竞争品牌的市场表现，特别是它们的广告活动和媒介策略，以便制定有效的竞争对策。

二、制定广告媒介目标

在制定广告媒介目标时，必须将其与广告的整体目标紧密结合，并利用具体指标来体现和衡量。媒介目标指导着传播媒介的选择、组合和广告的推出策略。制定广告媒介目标时需要关注以下五个方面的问题。

第一，要触达什么人。即界定受众目标。明确广告信息要传递给哪些人。分析目标受众的社会经济属性、消费行为和心理特征，包括年龄、性别、收入等。如果面向多个目标人群，需区分主次，以便选择合适的媒介，避免资源浪费。

第二，要达成些什么。即明确传播目标。将市场和广告目标转化为具体的媒介目标，规定媒介传播的主要任务，如新产品推广、品牌知名度提升、品牌形象塑造、促销活动强化等。

第三，广告在何处出现。即界定传播区域。明确广告传播的地理范围，包括主要和次要目标市场、信息传播的顺序等。决定覆盖程度，如全国性或区域性覆盖，重点推广区域和二级目标市场。

第四,广告何时出现。即明确广告传播时机。制定媒介活动的时间表,包括广告的上市时间、持续时间、高峰与平缓阶段,以及是否与特定节目或热点事件相关联。

第五,应该排多少广告。即确定广告强度和数量。为达到预期效果,设定广告的到达率和接触频率目标。决定广告的总收视(听)率标准,对不同市场区域的量度分配,以及高峰期和平缓期的量度调整。

媒介策划的目标是确保广告信息能够有效触达目标受众,同时最大化广告投入的回报。这要求策划者不仅要对媒介环境有深刻理解,还要能够灵活运用各种媒介资源,以实现企业的广告和营销目标。

三、广告媒介策略

广告媒介策略涉及媒介选择、媒介组合和媒介分配等关键决策,以实现媒介目标。

(一)媒介选择

广告效果的首要条件是目标受众能否接触到广告信息,因此,媒介选择的恰当性至关重要。要根据目标受众的媒介使用习惯、产品特性、信息需求和成本等因素,结合不同媒介的特点,如受众规模、影响力、覆盖范围、发行量、收视率、阅读率和成本效益等,来选择最合适的媒介。

(二)媒介组合

以传播实效而论,任何媒介都存在着某些不足,不同媒介之间都具有一定的互补性。在现代广告活动中,孤立地运用单一媒介往往不能达到广告的目的,通常需要运用两种或多种不同媒介,相互配合,协调使用,从而形成协同效应。在全媒体时代,更应该利用多媒体组合共振和多元化内容战略,建立品牌与消费者的紧密联系。

(三)媒介分配

媒介分配包括金额分配、频率分配和时间分配三个方面,都需要在策略中明确规定。

第一,金额分配。根据营销战略确定的目标市场进行区域划分,并按市场目标的百分比进行广告投资分配。

第二,频率分配。基于信息发布总量,对不同广告区域和时期的最低和最高频率进行规定,合理控制信息发布的量度。一般情况下,一个月的最低频率为4次,最高不宜超过8次,最佳频率为6次,既能确保信息传达,又避免受众产生厌倦。

第三，时间分配。包括全年不同阶段（如季节、时令、节日）和一天中的不同时段。时间分配不仅与营销策略、广告目标紧密相关，也与消费者的购物习惯、消费心理、性别、年龄、文化层次等因素密切相关。不适当的时间分配可能严重影响广告效果，因此需要在媒介策略中明确规定。

四、广告媒介投放排期

广告媒介投放排期，即广告发布的具体时间安排及方式，包括广告类型、发布媒体、发布周期、发布具体时间（版面/时段）以及广告内容等，是广告的市场机会和时机选择的具体体现，如表1-14所示。

表1-14　广告媒介投放排期表

五、广告媒介预算

应根据广告投放量及各广告媒介价格，确定广告媒介费用预算。

六、执行、效果评估

要严格按照以上五点执行，并根据最终呈现效果进行评估。

> **知识链接**

一、广告媒介

媒介又称媒体，属于典型的外来语，即英语"Media"。媒体为"Media"意译，媒介为"Media"的音译，其意为"中间的""手段"或"工具"等。

凡是可以进行广告信息传播，实现广告主与广告目标对象之间信息沟通的物质或工具、渠道、载体、中介、技术手段等，均可称为广告媒介。常见的广告媒介包括报纸、杂志、广告宣传册、挂历、海报等印刷媒介；电视、广播、互联网、电话、电子显示大屏幕、电动广告牌、电影等电子媒介；路牌、霓虹灯、交通工具、旗帜、楼宇电视等户外媒介;橱窗、招牌、门面、室内外装潢、模特等销售现场媒介;销售信、明信片、订购单、商品目录等邮寄媒介;促销品、包装、广告衫、购物袋、打火机、火柴盒、手提袋、雨伞、书包等流动媒介。

广告媒介类型众多,创意空间非常广阔。

二、主要的广告媒介及其特征

在广告活动中,媒介的传播价值往往不是均等的,即使同一个媒介也会因运用方法不同而效果各异。这就需要深入了解各种媒介,熟悉媒介的特征、传播方式等媒介知识,以便通过各种类比方法做出最佳选择(见表1-15)。

表1-15 主要广告媒介及其特征

媒介	优势	劣势
电视	覆盖面广,视听兼备,结合图像、声音和动作,感染力强,信息传播直观,重复性与高频度,吸引高度注意,到达程度高	费用成本高,干扰大,曝光时间短,信息容量小,稍纵即逝,较低的受众选择性
报纸	版面设计灵活,时效性强,本地市场覆盖好,接受度广,可信性高	注目率低,目标受众细分局限性,保存期短,印刷质量差,传阅者少
杂志	受众针对性强,可信、权威,印刷质量高,色彩丰富,表现力强,有效期长,传阅者多	发行周期长,时效性差,受众面窄,较高的成本
广播	大众化,覆盖面广,传播速度快,时效性强,成本低,重复性与高频度	只有声音展示,创意有局限性,曝光时间短,信息稍纵即逝
户外广告媒介	形式多样,灵活,高度的重复曝光,成本低,竞争小	区域性限制,受众选择性有限,信息简单,创意受限
互联网和数字、社交媒体介	精准传播,互动性强,个性化/个人化,传播方式双向化,消费者主动性强,参与度和满意度高,内容形式多样化,展示方式丰富、灵活,时效性强,相对低成本	可信度低,干扰越来越多,曝光率低,持续性时间短,侵犯隐私,某些广告方式令人反感、不满
电梯媒介	受众广,可以很好地触及主流消费人群,具有高频、强制、冲击、独占等特点	容易令人产生厌倦、反感,存在一定的广告浪费
广告册	可以有选择性地发放,个性化,灵活,控制全面	分发有难度,过量制作可能导致成本失控
售点广告	受众广泛,时效性强,烘托销售气氛,指示和提醒消费者认牌购买,促进销售	广告设计须注意与内外环境协调,避免刺激力过大,令人生厌,容易产生干扰

三、广告媒介的评价指标

在对一个具体的广告媒介进行评价时，经常用到的指标有以下八项。

第一，覆盖范围。是指可能通过广告媒介接收到广告信息的潜在受众。

第二，收视（听）率。收视（听）率主要针对电视或广播媒介，是平均收看（听）一个节目的个人或家庭的百分比。

第三，到达率。到达率是指至少有机会接触一次广告信息的不同对象的数量，也叫"累计受众率"。

第四，毛感点。也称为毛评点、总视听率，是指广告通过有关媒介传播所获得的总效果，是各次广告传播触及人数比例的总和。

第五，视听众暴露度。视听众暴露度是指在一特定时期内收看、收听某一媒介或某一媒介特定节目的人数（户数）总和，实际上是毛感点的绝对值。

第六，千人成本。是指广告信息每到达1000个目标对象所花费的资金。千人成本通常被用来比较不同媒体的相对传播效率。

第七，暴露频次。暴露频次是指在一定时期内，每个目标对象接收到同一广告信息的平均次数。

第八，有效到达率。又称有效暴露频次，是指在一特定广告暴露频次范围内，有多少媒介受众知道该广告信息并了解其内容。

四、选择广告媒介应考虑的因素

不同的广告媒介具有不同的特性，决定了广告主在进行广告投放的时候必须对广告媒介做正确的选择，否则将影响广告的传播效果。正确地选择广告媒介，主要考虑以下影响因素。

第一，广告目标。广告媒介策略服务于广告目标，不同的广告目标——例如，提高品牌知名度和美誉度，树立品牌形象，增加销售额，扩大市场占有率等——应选择不同的广告媒介。假设广告目标是提高品牌知名度，以告知性广告为主，应选择关注度高、传播速度快的媒介，如网络、电视、报纸等媒介。

第二，目标受众。目标受众在年龄、性别、民族、文化水平、信仰、习惯、生活方式、个性、兴趣爱好、社会地位等方面的特性以及媒介使用和接触习惯等，直接影响到广告媒介的选择和组合方式。正如投资家查理·芒格所说的"在有鱼的地方下网"，广告媒介的选择一定要匹配目标受众的特性和媒介使用、接触习惯。只有将广告信息有效地传达到目标受众的广告媒介才是最有效的媒介。当今广告主的广告费用大量流向了互联网和数字、社交媒体等，是由消费者媒介使用和接触习惯的改变引起的。

第三,产品性质。不同性质的产品,有不同的使用价值特征和适用范围,吸引消费者关注和购买决策需要的信息是不一样的,因此,广告媒介只有适应产品的性质,才能取得较好的广告效果。比如,化妆品需要好的展示效果,因此电视、直播、视频媒体、杂志是比较合适的媒介;房地产广告信息量大,因此可以多运用报纸、广告册、门户或专业网站等媒介。

第四,媒介因素。广告媒介的传播范围、受众特征、成本费用、广告表现形式以及广告信息传达的准确性、突出性、时效性、直接性等特性,也是选择广告媒介时的重要参考因素。具体决策的时候,需要进行综合比较,选择覆盖范围适当、媒介受众与目标受众吻合、费用适宜、信息表现和传达效果更佳的媒介。

第五,竞争对手的广告媒介策略。竞争对手的广告媒介策略对广告主的媒介策略选择有着显著的影响,尤其是对于在市场竞争中处于弱势地位的品牌而言,进行广告媒介选择的时候,要充分了解竞争对手过往和现在的媒介策略,包括媒介选择、媒介组合以及媒介效果等,尽量采取避强策略,避免与竞争品牌的广告扎堆,导致广告信息被淹没在竞争对手的广告信息海洋里面。相反地,要形成自己品牌的媒介传播优势,来争夺目标消费群的注意力。

第六,广告预算。"看菜吃饭,量体裁衣",广告预算的多少也直接影响到广告媒介的选择。例如,对于广告费用有限的中小企业,像电视、报纸等这类费用昂贵的广告媒介,即使广告传播效果显著,但因"巧妇难为无米之炊",也不得不去选择费用成本更低廉的互联网和数字媒体等媒介。

五、广告媒介的组合策略

如前所述,广告媒介通过组合,能够更大限度地发挥各媒介的优势。具体的组合策略如下。

第一,点面效应互补法。这是一种以媒介覆盖面大小为互补条件的组合方法。当我们选定某一大众媒介进行一个或数个目标市场覆盖时,可以选择一种或多种局部区域覆盖的媒介,以提高信息的重复暴露度。

第二,时效差异结合法。该法是以媒介时效长短互相结合的一种组合方法。媒介的时效有长有短,短的如电视、广播,多为15—60秒;长的可达1—2年,如路牌、霓虹灯;报纸一般为1—3天;杂志常在1个月以上。在现实生活中,人们对媒介的接触具有多样化特征。不同时效媒介的组合可扩大信息接触范围,提高信息扩散度。

第三,时间交替组合法。该法是通过时间上的交替形式进行媒介组合。当个别主要媒介得到最佳到达率之后,另外的较便宜的媒介与之交替作用,提供重复性暴露,使信息送达主要媒介未覆盖的受众。

第四,媒介价值互补组合法。该法是通过识别不同媒介价值,灵活使用多元化媒介组合,从而提升品牌价值综合传播能力的一种组合方法。例如,用电视媒体、中央级媒体等权威性媒介为品牌背书,塑造品牌主线价值观;用社交媒体、短视频媒体、网络视频、直播等个性化媒介,为品牌塑造个性化价值观,迎合消费者个性化需求。

第五,媒介个性(内容)互补组合法。该法是以媒介个性(内容)互作补充的一种组合方法。当以某一个别媒介为主时,以另一个与主媒介有互补作用的其他媒介作为补充,使信息传达更具全面性和完整性。如当一个新品上市时,可以用电视作为品牌和产品外观诉求,同时运用报纸或杂志作为产品质量和功能诉求。

第六,大众媒介与分众媒介组合法。该法利用大众媒介广泛的传播性以及传播迅速快、范围广、影响大、权威性强等优势,有效塑造产品的品牌形象;同时借助分众媒介(如行业媒介、社交媒介、生活圈媒介等)特殊的传播形态,针对精确细分目标消费群体,进行深度沟通,增强品牌的认知度、美誉度与忠诚度。

第七,"跟随环绕"媒介组合法。消费者每天在不同的时间会接触不同的媒介。比如,早上听广播、网络音频;上班通勤路上刷手机App;中午看报纸、杂志;晚上浏览网站、看电视。如果根据消费者的一天的媒介接触习惯,采用"跟随环绕"媒介组合方式,并且在智能化和数字化技术加持下,实现消费者在不同时间、不同场景接触到同一品牌的不同媒介、不同内容、不同形式的广告,可以强化广告信息的曝光度,加强消费者对品牌的记忆,并丰富消费者对品牌的感受,形成立体的品牌印象。

六、广告排期策略

广告排期,即在一个广告周期内广告在媒介上发布的时间和节奏安排,是广告的市场机会和时机选择的具体体现。一般而言,广告排期有三种策略可供选择。

第一,连续式。即在一个广告周期内(例如一年)连续不断地匀速发布广告,一年365天每天1次。此种策略的目的是保持品牌记忆,比较适用于拥有全国市场且实力雄厚的日常消费品品牌。

第二,间歇式。广告发布呈短周期性间隔,常为一周至数周,即集中火力于一个阶段,造成较大的广告声势,然后作短周期间歇。此种策略多用于季节性产品和阶段性消费品广告。

第三,波浪式。在一个广告周期内,广告媒介发布作起伏式安排,即在经常性和小投入的媒介活动的基础上,加大某些阶段的广告投放量来强化广告声量。此种策略多用于兼有季节性的名牌产品、具有一定市场优势的常年性产品和有强劲竞争对手的企业广告,以及处在市场旺销期的产品广告。

他山之石

×牛奶媒介广告投放策划方案

一、牛奶类媒介市场分析

(一)牛奶品类广告媒体选择比例

该期间区域牛奶类广告总额为4209万元。其中,电视媒体投放为3583万元,报纸媒体投放为626万元,没有杂志投放,因此,电视媒体投放、报纸媒体投放、杂志投放所占比例分别为85%、15%、0%,电视媒体占主导地位。但在户外广告中,仍能发现有部分的牛奶类广告。

(二)牛奶品类广告投放

每年中的广告曲线为"M"形,在五月、十月、十一月为广告高潮,七月、八月、九月、十二月、一月为广告低谷。

51类有监测数据的牛奶品类广告中前12位品牌广告总额达3877万元,占整个品类广告的92.1%。

牛奶品类广告投放区域相对较为集中,这与品类的特性有关,牛奶深入到小型、低收入城市的难度较大。

牛奶类广告投放前10位城市广告额达3985万元,占整个D省广告总量的94.7%。

Z市投放广告总额为2206万元,S市投放广告总额为733万元,T市广告投放总额为440万元,三者积累总额3379万元,占D省广告投放总额的80.3%。

二、×牛奶及竞争品牌分析

(一)×牛奶广告投放

广告总量为19.2万元,占总体广告量的0.5%。广告重点时期为二月份。

电视媒体是×牛奶的重点投放媒体,占88.5%,电视投放版本为5秒,投放媒体为省有线台;报纸媒体只占11.5%的份额。

投放地区集中在几个城市,区域很小,其中Z市是绝对的重点。

(二)伊×牛奶广告投放

伊×牛奶广告总量为534万元,占总体广告量的12.7%,为维×奶、汾×牛奶之后第三位。

它的广告重点时期在当年为五月和八月。

电视、报纸媒体兼顾,两者的比例为57.3%、42.7%。其中,电视媒体以5秒、15秒、20秒、30秒等多种电视版本,报纸主要投放在投放该市场前期的地方大报上,黑白与彩色版本兼有。

投放地区集中在S市和Z市、T市。

三、媒介目标的确定

（一）导入期

市场目的：迅速将×牛奶反击信息有效传播到消费群体。

媒介目的：电视媒体收视点达到1600点，到达率为87%；报纸媒体到达率为60%；户外媒体到达率为50%（均为1次以上到达率）。

（二）推介期

市场目的：在×牛奶信息有效传播到消费群体后，市场将有良好的反应，市场销售额止住下滑的势头。

媒介目的：电视媒体收视点达到1000点，到达率为92%；报纸媒体到达率为70%；户外媒体到达率为60%（均为1次以上到达率，且为累计）。

（三）推广期

市场目的：有效传播×牛奶全面信息到消费群体，并引起消费群体的注意和相应的市场反应，品牌销售有所回升。

媒介目的：电视媒体收视点达到1400点，到达率为95%；报纸媒体到达率为75%；户外媒体到达率为68%（均为1次以上到达率，且为累计）。

四、媒介投放的目标人群

（一）消费者牛奶消费特征

男女性选用×牛奶略低于伊×，但男性选用比例与第一品牌接近，表明男性对于×牛奶仍有一定认同。

35至44岁、55至60岁群体对×牛奶的选用高于伊×，表明家庭中最主要成员对×牛奶的态度较好。

16至24岁选用牛奶的差额较小，但该类人群收入不稳定，依赖性较强。

25至34岁、45至54岁的群体选用伊×多于×牛奶，均为家庭收入的主要来源，但在家庭中非主宰地位。

（二）×牛奶媒介目标对象

家庭月收入2900元以上、55至60岁的群体。

五、媒介市场区域的确定

根据对品牌市场销售的目标、市场的竞争对手的分析、市场媒体的成本、市场的发展指数等方面的分析，确定此轮广告投放的重点区域为Z市。

六、媒介的选择和组合

根据数据显示，Z市15岁以上经常接触的主要媒体按数量多寡依次为电视、灯箱、区域性报纸、全国性月刊。

媒介投放的组合包括以下几种。

（一）电视媒体

具体媒体选择：选择年龄15岁以上的收视率不低于5％；相对较长时期内收视率不低于3％；投资回报大的电视频道；少投干扰度大的电视媒体；媒体形象好的电视媒体。

（二）报纸媒体

具体选择：有影响力的大报；投资回报大的报纸；阅读率高的报纸；健康版或生活版；媒体形象好的报纸。

（三）户外媒体——灯箱选择

具体选择：靠近购物商城、超市的灯箱；车流较慢，较繁华街道的灯箱；投资回报大的户外；干扰度小的；目标消费群人流量大的地段。

（四）杂志媒体

具体选择：有影响力的杂志；投资回报大的杂志；区域性较强；媒体形象好。

七、广告投放排期

广告投放排期如表1-16所示。

表1-16　广告投放排期表

（其他时段广告投放排期省略）

八、媒介预算

媒介预算如表1-17所示。

表1-17　媒介预算表

	导入期（10.1—10.31）	推介期（11.1—12.15）	推广期（12.15—1.31）	小计
电视	980,000	550,000	770,000	2,300,000
报纸	1,100,000	430,000	300,000	1,830,000
户外	客户执行	客户执行	客户执行	—
杂志	18,000	170,000	18,000	206,000
直邮	160,000		160,000	320,000
公关	300,000	—	300,000	600,000
合计	2,558,000	1,150,000	1,548,000	5,256,000

（根据网络资料整理）

任务实施

·明确工作任务

根据前述任务背景和知识链接，为广告策划任务设计一个合理有效的广告媒介投放方案。

·实施步骤

一、明确工作任务、工作计划

小组成员一起，根据广告媒介策划任务的工作内容与要求，以及完成时间，制定一份自己小组的工作计划，并完成表1-18。

表1-18　广告媒介策划工作计划

策划小组：				制定时间：		年　月　日
序号	工作内容	工作方法	负责人	完成时间	完成标准	备注

二、依据工作目标，分步骤实施工作计划

步骤一，开展策划前做好相关信息收集、梳理、分析工作，包括营销战略和策略、广告目标和策略、目标受众、产品特性、重点媒介、竞争对手广告活动和媒介投放等，最后形成一份背景分析简报。

步骤二，策划小组成员一起，采用头脑风暴法，集思广益，形成广告媒介策划方案。方案应包括媒介目标、媒介策略（媒介选择、媒介组合、媒介分配）、媒介广告排期、媒介预算等内容。策划方案以书面形式完成。

步骤三，以小组为单位，展示、汇报广告媒介策划方案。

任务评价

一、任务完成评价

任务完成情况评价满分为100分。其中,作品文案为85分,提案(展示陈述)为15分。企业评价占比为40%,教师评价占比为40%,学生互评占比为20%。并填写表1-19。

表1-19　任务完成评价表

	评价指标	分值	企业评价	教师评价	学生互评	得分
作品文案	任务背景分析的全面性与准确性	10分				
	广告媒介目标清晰、明确	15分				
	广告媒介选择的合理性和创意性	20分				
	广告媒介组合的合理性和创意性	20分				
	方案内容的完整性	10分				
	方案设计的合理性、合法性	10分				
提案	PPT设计	5分				
	语言表达	5分				
	形象	3分				
	团队配合	2分				

二、个人表现评价

对个人在完成工作任务过程的表现进行评价,侧重点在个人素质方面。按优秀(5分)、良好(4分)、一般(3分)、合格(2分)、不合格(1分)五个等级进行评价。个人表现评价分为学生自评与小组成员互评。填写表1-20。

表1-20　个人表现评价表

	素质点评价	得分
学生自评	团队合作精神和协作能力:能与小组成员合作完成项目	
	交流沟通能力:能良好表达自己的观点,善于倾听他人的观点	
	信息素养和学习能力:善于收集并借鉴有用资讯和好的思路想法	
	独立思考和创新能力:能提出新的想法、建议和策略	

续表

素质点评价		得分
小组成员互评1	团队合作精神和协作能力：能与小组成员合作完成项目	
	交流沟通能力：能良好表达自己的观点，善于倾听他人的观点	
	信息素养和学习能力：善于收集并借鉴有用资讯和好的思路想法	
	独立思考和创新能力：能提出新的想法、建议和策略	
小组成员互评2	团队合作精神和协作能力：能与小组成员合作完成项目	
	交流沟通能力：能良好表达自己的观点，善于倾听他人的观点	
	信息素养和学习能力：善于收集并借鉴有用资讯和好的思路想法	
	独立思考和创新能力：能提出新的想法、建议和策略	
小组成员互评3	团队合作精神和协作能力：能与小组成员合作完成项目	
	交流沟通能力：能良好表达自己的观点，善于倾听他人的观点	
	信息素养和学习能力：善于收集并借鉴有用资讯和好的思路想法	
	独立思考和创新能力：能提出新的想法、建议和策略	
小组成员互评4	团队合作精神和协作能力：能与小组成员合作完成项目	
	交流沟通能力：能良好表达自己的观点，善于倾听他人的观点	
	信息素养和学习能力：善于收集并借鉴有用资讯和好的思路想法	
	独立思考和创新能力：能提出新的想法、建议和策略	
小组成员互评5	团队合作精神和协作能力：能与小组成员合作完成项目	
	交流沟通能力：能良好表达自己的观点，善于倾听他人的观点	
	信息素养和学习能力：善于收集并借鉴有用资讯和好的思路想法	
	独立思考和创新能力：能提出新的想法、建议和策略	

任务小结

以小组为单位，分析本小组在广告媒介策划工作过程中做得好的地方，以及存在的问题与不足，并提出改进方法。同时思考：

(1)本策划案有哪些亮点？存在哪些不足？如何改进？

(2)在完成本项目学习过程中，你学会了哪些分析和解决问题的方法？

(3)在完成本项目学习过程中，你认为自己还有哪些地方需要改进？

知识训练

1.广告媒介策划的主要流程有哪些？

扫码答题

理论知识练习

74

2.简述户外广告的优缺点。

3.简述广告媒介的组合策略。

技 能 训 练

根据企业专家和专业老师的评价结果与建议,以小组为单位,改进优化广告媒介投放方案,并进行学习工作总结。

工作项目二
销售促进活动策划

项目目标

● 知识目标

1. 掌握销售促进活动策划的步骤和内容。
2. 掌握主要的销售促进工具。
3. 了解主要销售促进工具的优缺点。

● 能力目标

1. 能根据不同的促销情况及促销对象策划销售促进活动。
2. 能根据不同的促销情况及促销对象撰写销售促进活动策划书。
3. 能展示说明促销活动策划方案。

● 素养目标

1. 具有团队合作精神和能力,具备良好的沟通能力,能够协作完成团队工作任务。
2. 具有创新意识和能力,能够运用正确的方法获取信息和利用信息,并掌握新知识、新技能,有创意地完成项目任务。
3. 培养诚实守信、遵守职业道德和社会公德、合法经营的操守。

项目准备

● 情景导入

中秋节来临之际,为配合其他营销活动特别是广告宣传活动,让市场能尽快地认识并接受螺蛳粉月饼,再续公司网红螺蛳粉的营销盛况,"柳新"螺蛳粉月饼生产公司决定开展节前促销活动,使这款新产品能够迅速进入市场,并在节前形成一个销售高峰,实现公司的营销目标。

如果公司让你负责制定一份新品上市销售促进活动策划书,那么你应该如何完成这项任务呢?

项目描述

销售促进(Sales Promotion),又称营业推广,是对终端消费者、分销商或销售团队提供短期激励的一种活动,以引导其购买某一特定产品。如果说,广告为顾客提供的是"购买理由",那么销售促进活动则提供的是"购买激励"。通过这种额外的激励,销售促进可以激发消费者购买更多的产品,或采取更迅速的购买行为;缩短经销商的购买周期,鼓励销售团队加速销售过程、促使销售量最大化。可以说,销售促进实际上是一种销售加速工具。

销售促进活动策划则是在企业市场营销目标导向下,对销售促进活动的每一个环节进行事前的谋划与设计,使之与其他营销策略(活动)协调一致,整合市场营销活动,进而高效地实现企业的市场营销目标。

总体而言,销售促进活动策划一般按照以下六个步骤进行,如图2-1所示。

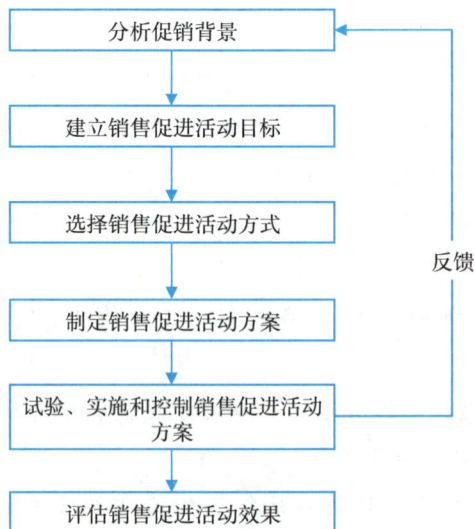

图2-1　销售促进活动策划的实施步骤

实际操作中,企业会根据不同的销售促进活动目标对象有针对性地规划、设计活动方案。需要注意的是,不同的目标对象对销售促进活动的认知和偏好不同,销售促进活动的目标和形式,以及需要考虑的因素也就有很大的不同。因此,在销售促进活动策划的过程中,需要根据不同的目标对象来分析考虑,策划出适用于各自目标对象的销售促进活动方案,并分头高效地执行。

一、针对终端消费者的销售促进活动策划

终端消费者的销售促进活动旨在激发消费者对品牌产品的购买欲望。这些活动的核心目标是推动销售,同时也包括一系列其他目的:促进消费者的试用和回购、增加产品的销售量、维护现有消费者群体、吸引消费者从竞争品牌转换过来、加强品牌忠诚度或支持品牌形象、辅助和加强品牌或企业的整合营销传播。在策划面向终端消费者的销售促进活动时,应根据具体目标考虑以下六点。

第一,了解目标对象。深入分析目标消费者的需求和痛点,这是策划出有效促销活动的基础。

第二,选择促销工具。根据目标消费者的特点和需求,有针对性地选择促销手段,如优惠券、折扣、赠品、积分奖励等。

第三,创新活动方式。设计新颖有趣的促销活动,以吸引消费者的注意力和参与兴趣。

第四,吸引消费者参与。确保促销活动易于参与,具有吸引力,以提高消费者的参与度。

第五,刺激购买行为。通过促销活动激发消费者的购买欲望,促使他们采取购买行动。

第六,实现销售目标。最终目标是通过促销活动带动销售,实现企业的市场目标。

销售促进活动需要综合考虑市场环境、消费者行为、产品特性和品牌战略等多方面因素,以确保活动的有效性和针对性。通过精心策划和执行,销售促进活动可以成为推动销售和增强品牌竞争力的有力工具。

二、针对中间商的销售促进活动策划

制定针对中间商的销售促进方案时,必须基于清晰的、可衡量的目标和企业愿景。在策划过程中,需要综合考虑以下因素。

第一,中间商的需求和偏好。了解中间商对促销活动的期望和偏好,确保方案能够满足其利益诉求。

第二,企业营销战略。确保销售促进方案与企业的整体营销战略和长期发展目标保持一致。

第三,短期与长期利益的平衡。在激励中间商积极参与市场开发的同时,确保方案能够平衡双方的短期利益和长期发展需求。

第四,高效的方案策划。基于上述考虑,策划高效的销售促进方案,以激发中间商的积极性。

第五，市场开发激励。通过方案激励中间商积极开拓市场，增加产品的销售渠道。

第六，产品流通加速。促进产品快速进入并流通于销售渠道，最终到达终端消费者。

第七，终端销售推动。确保销售促进方案不仅能够增加渠道中的库存，而且可以有效地推动产品在终端的销售。

通过精心设计的销售促进方案，企业可以加强与中间商的合作关系，提高产品在市场上的可见度和销售动力。这要求企业深入了解市场动态、中间商需求和消费者行为，以确保方案的相关性和有效性。

三、针对企业内部销售人员的销售促进活动策划

内部促销是针对企业内部销售人员开展的促销活动，目的是鼓励销售人员积极推广新产品或处理某些老产品，或促使他们积极开拓新市场。针对企业内部销售人员的销售促进活动设计，可以与销售团队管理工作结合起来，在充分洞察销售人员的心理需求和期望的基础上，进行创新，以期有更好的促进销售效果。

接下来，我们将按照这三个策划任务展开学习和工作。考虑到在企业日常的操作中，"促销活动"常常就是指"销售促进活动"，因此在以下的阐述中，我们所说的"促销活动"即是"销售促进活动"。

思维导图

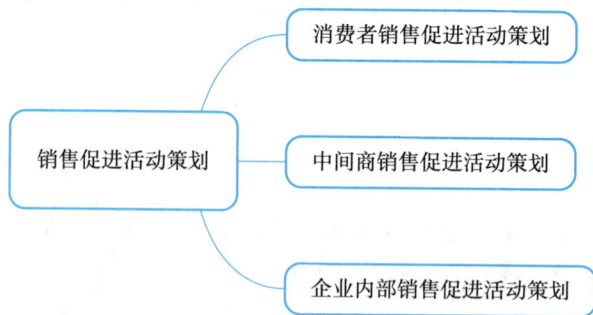

项目成果

1. "柳新"螺蛳粉月饼上市消费者销售促进活动策划书
2. "柳新"螺蛳粉月饼上市中间商销售促进活动策划书。
3. "柳新"螺蛳粉月饼上市企业内部销售促进活动策划书。

实战训练任务5
消费者销售促进活动策划

面对终端消费者的产品销售是整个营销活动中至关重要的一环。只有实现了终端销售,企业才能将产品转化为实际的经济效益。在销售过程中,终端销售因其直接面向最终用户而具有极高的价值。

一、分析促销背景

开始促销活动策划之前,需要进行充分的促销背景分析,收集促销活动策划所需的信息,为促销活动策划提供决策依据。一般而言,促销背景分析主要从以下四个方面展开。

(一)市场状况分析

市场状况分析包括分析行业发展现状及趋势、市场销售状况、供应链状况、竞争态势等方面。

(二)消费者分析

消费者分析主要包括对消费者的构成、消费需求特征、消费心理和行为特征、消费习惯和偏好等方面进行分析。特别是要找准促销活动的目标消费者进行有针对的分析,深刻洞察目标消费者的消费心理,这样才能提出有效的促销策略和创意。

(三)竞争者分析

竞争者分析重点在于有针对性地分析竞争对手的促销策略和市场营销活动,以利于扬长避短,形成差异化的、具有创新性的促销活动策划方案。

(四)自身分析

自身分析包括对自身现阶段的营销目标、营销状况以及历史促销活动的效果做出全面的分析评估,确保制定的促销活动策略、创意与企业的营销战略和各方面的营销活动不脱节,提高企业市场推广活动的整合性和有效性。

最后运用SWOT分析法进行总结分析,找出企业促销活动的发力点。

在实际执行中,并不一定要对以上内容逐一全面分析,而要根据促销活动的规模大小、涉及的市场区域大小,以及促销活动的复杂程度等因素进行灵活取舍。

二、建立促销目标

促销目标是指在一次促销活动结束时要实现的目的,它是促销活动策划以及实施的导向,是促销活动策划的基本依据和出发点,也是促销活动结束后效果评估的标准。

针对消费者的促销目标主要包括六个方面:吸引新客户;提高消费者忠诚度、保有现有消费者;促使现有消费者大量购买和重复购买;增加产品的使用基数;促进消费者消费升级;建立和传播品牌形象。

促销目标设定时应符合具体的(Specific)、可衡量的(Measurable)、可达到的(Attainable)、现实的(Realistic)和有明确截止期限的(Time-based)SMART原则。

三、确定促销目标对象

在策划促销活动时,明确目标受众的范围至关重要。这涉及六个关键问题。

第一,目标市场覆盖度。首先要确定促销活动是面向整个目标市场的所有人,还是仅限于市场中的一部分特定人群。

第二,受众范围限制。如果活动并非面向所有潜在消费者,那么需要明确界定参与活动的目标对象的范围和条件。

第三,主攻目标。基于消费者的需求、购买行为或人口统计特征,识别并确定促销活动的主攻目标。

第四,选择的重要性。目标受众的选择应基于市场细分和定位策略,正确的选择会直接影响促销活动的成效和回报。

第五,影响因素。目标受众的选择应考虑多种因素,如产品特性、市场环境、消费者偏好以及竞争对手的策略。

第六,策略调整。根据目标受众的反馈和市场动态,适时调整促销策略,以确保活动的有效性。

总之,通过精确地界定目标受众并制定有针对性的促销策略,企业可以更有效地利用资源,提高促销活动的转化率和投资回报率。

四、选择促销方式

促销的方式多种多样,应综合考虑促销目标、促销对象、竞争状况、促销预算等因素来选择具体的促销方式。同时,由于促销的方式与手段不断更新,在实际的操作中,应与时俱进,注重促销方式的创新和整合应用。

五、提炼促销主题

促销主题可被视为促销活动的"卖点"和促销活动广告宣传的口号。有创意的促销主题能直击消费者的需求点,激发消费者参与促销活动的兴趣和热情,对提升促销活动的成效有重要作用。

六、制定促销方案

在确定促销目标、方式和主题之后,接下来需要制定具体的促销方案。应对整个促销活动做出全局的、周密的、详细的工作规划与安排,为营销人员在执行促销活动时提供具体的行动指南。促销方案一般包含以下内容。

(一)促销背景

阐述开展促销活动的原因和面临的市场营销状况,为促销活动决策提供依据。

(二)促销活动目的

阐述促销活动的目的和目标。

(三)目标对象

确定参与促销活动的目标对象范围,尽量限制不可能成为长期消费者的人员参加。

(四)活动主题

提炼活动主题,像广告语那样高度概括促销活动的核心利益点,第一时间打动消费者,激发其参与促销活动的兴趣。

(五)活动方式

结合促销活动的目的、目标对象以及竞争对手的促销策略等方面的情况,选择适当的促销活动方式。活动方式应力求创新,既直击人心,又与竞争对手形成差异化。

（六）激励规模

充分考虑促销活动的成本与效益，制定合理的激励规模——既不过大，得不偿失；也不过小，激励有限。最佳激励规模应依据费用最低、效率最高的原则来确定。

（七）送达方式

还需考虑通过恰当的送达方式让目标对象来参与促销活动，才能达到理想的效果。如赠券有四种送达方式：附在包装内、邮寄、零售点分发、附在广告媒体上。送达方式要根据目标对象以及每一种方式的成本和效率来选择。

（八）活动期限

促销活动在实施时都要有一定的期限。如果持续时间太长，不但会增加活动的成本，也会降低促销活动的激励性，对消费者失去激励意义；如果促销时间太短，可能使一部分目标对象错过参与促销活动的机会，从而导致促销活动达不到原定的规模以及预期的效果。

（九）时机选择

促销日程的安排应注意与消费需求时间，以及生产、分销，还有其他营销活动的时机和日程安排一致，并结合总的市场营销策略来确定。

（十）广告宣传

促销活动同样需要"广而告之"，需要有高效的传播和适当的广告宣传配合。广告创意策略与广告媒介组合策略是重中之重。

（十一）费用预算

促销活动是一项投资活动，事前必须筹划预算，以确保有足够的费用支持促销活动顺利进行，同时，通过预算来控制活动开支，可以确保促销活动的费用使用更有效率。

（十二）促销执行与控制

1.前期准备

（1）人员安排。全员分工明确、职责清晰，做到"人人有事做，事事有人管"。

（2）物资准备。按需列出物资清单，逐一对照清点，确保物资准备到位，万无一失。

（3）方案试验。在促销活动方案大规模实施之前，可以进行小范围的试验，或者就活动方案进行充分的内部测试、消费者调研，检验一下促销活动方案的可行性和有效性,以降低促销活动的风险。

2.中期操作

中期操作主要是现场控制。事前必须将活动的各个环节安排清楚,形成程序化的活动表单,做到有条不紊。

3.后期延续

后期延续包括制定活动后期媒体的宣传计划,将促销活动的效果加以延续和放大,增加品牌的曝光度,提高品牌的知名度和美誉度。

4.活动预案

对实施促销活动过程中可能出现的各种意外事件做出应对预案,在人力、物力、财力等方面做好充分准备。

知识链接

一、设定促销目标的SMART原则

(一)必须是具体的(Specific)

促销目标应该是具体的工作指标,如销售量、市场占有率、品牌知名度等。

(二)必须是可以衡量的(Measurable)

促销目标可以是定性或定量的描述,但应该尽可能地进行量化。量化的指标有销售额、市场占有率、增持率、重复购买率、促销活动的参与率、促销广告的到达率等。

(三)必须是可以达到的(Attainable)

所制定的促销目标应该可以实现,避免设立的促销目标过高而实现不了。

(四)必须是现实的(Realistic)

促销目标是实实在在的,与销售工作相关联的。

(五)必须具有明确的截止期限(Time-based)

促销目标的实现要有时间限制,否则就是没有意义了。通常情况下,促销活动的结束时间就是达成促销目标的截止期限。

二、消费者促销的基本方式

（一）折价券

折价券又称优惠券、代金券，是一种常用且有效的促销工具，一般用于激励消费者使用新产品，或者获得试用新产品、改良产品。

折价券分为企业分发的折价券和零售商分发的折价券两种。企业分发的折价券可以用于任何零售终端购买本品牌产品时折价抵扣；零售商分发的折价券则只能在提供该折价券的店家使用。

（二）价格折扣

价格折扣是指企业通过降低商品价格的方式刺激消费者购买，是企业日常使用比较多的一种促销方式。在实际应用的过程中分为直接折扣和间接折扣两种方式，前者直接降低产品的销售价格，后者则不变动价格，而是让消费者以相同的价格可以得到比以前更多的产品。

价格折扣对消费者具有较大的冲击力，可以增加消费者的购买量，在短期内提升销量。但也容易让消费者产生低价期望，或导致产品价格在促销活动后难以提升复原；亦会损害某些定位高端的品牌的品牌形象，降低消费者的品牌忠诚度。

（三）买赠

买赠是指在消费者购买产品后向其给付一定数量的免费商品（通常是同类商品或者关联商品）。

买赠方式包括：直接获赠（购买某商品直接获赠）、补偿换赠（消费者购买某一产品，需略作补偿，再换取赠品，如再支付一定费用，以旧换新或者获得赠品）、返利退赠（消费者购买达标，获得返利或者赠品，一般用于累计消费返利，常见于"积分返利"形式）。

这种形式的缺点是容易导致消费者产生促销依赖症或促销疲倦症，因此，有必要配合一定形式的促销主题，让消费者感受到促销活动的意义和价值。

（四）赠送样品

赠送样品是指将产品直接提供给目标对象试用而不予取偿，目的是让消费者通过试用，切身体验产品的优点，从而促使消费者购买产品。常见的方式有赠送小包装的新产品、现场品尝等。

(五)抽奖促销

抽奖促销就是利用公众消费过程中的侥幸获大利的心理,在消费者购买商品或消费时,对其给予若干次抽奖机会的促销方式,分为免费抽奖和消费抽奖两类。消费抽奖一般是消费金额达到一定额度或者按照商家的消费要求(支付方式、指定消费地点或商品),方可参与抽奖活动。

抽奖促销的形式,常见的形式有一次抽奖、多次抽奖、答题式抽奖、游戏式抽奖、刮卡兑奖、摇号兑奖、拉环兑奖、包装内藏奖等。

根据我国相关法律规定,抽奖促销的奖励金额(价值)不能超过五万元人民币。

(六)竞赛促销

竞赛促销是指企业通过举办趣味性和智力性竞赛,吸引目标消费者参与,让消费者凭借自身的技术或能力来获得奖赏。

常见的竞赛促销形式包括:游戏竞赛、有奖征集竞赛、知识竞赛、选拔比赛(如选美、健美、形象代言人、饮酒比赛等)、印花积点竞赛(消费者通过收集产品印花,在达到一定数量时可兑换赠品,印花包括商标、包装物、标贴、瓶盖、印券、票证等)等。

(七)展示促销

将产品的特性与优势进行现场展示,让消费者眼见为实,给予其直观的感受,实现即刻购买的促销效果。

(八)退款承诺

消费者购买一定商品或累计达到一定金额时,企业凭消费者提供的购买证明即退还其一定数额的现金或折扣券。一般来说,在售价20%以上的退款才能引起消费者的兴趣。

(九)服务促销

服务促销通过向消费者提供各种服务,包括售前、售中和售后服务,来增加消费者购买产品时的附加值,进而激励消费者购买。相比其他促销形式,服务促销的最大特征是连续性和长期性。

(十)积分兑奖

积分包括收集分数和收集凭证,前者为购买到一定数量的产品,就可以获得不同层次的累计分数,然后可以根据标准获得相应的礼品;后者只是换了一种形式,将分数变成了兑奖凭证。积分兑奖主要目的是鼓励消费者长期购买产品,形成忠实的消费群体。

三、选择促销方式应考虑的因素

（一）促销目标

促销目标是制定促销策略的出发点，不同的目标对促销方式有着不同的要求。因此，在选择促销方式时，必须确保所选方法能够有效地支持并实现既定的促销目标。部分促销目标与促销方式的关系见表2-1。

表2-1　部分促销目标与促销方式的适用关系

促销目标	促销方式					
	折价券	免费样品	价格折扣	游戏与竞赛	抽奖促销	积分兑奖
引起尝试		★		★	★	
改变购买习惯	★	★	★			
增加购买量	★		★		★	
鼓励长期购买	★					★
吸引潜在购买者		★	★	★	★	
鼓励重复购买	★					★

说明："★"代表促销方式较适用于所对应的促销目标

（二）产品

消费者对于不同性质的产品具有不同的购买行为和购买习惯，因而企业采取的促销方式也会有所差异。

外显性消费产品通常是指那些在使用过程中容易被他人看到或识别的商品，如时尚服饰、高端电子产品等。对于这类产品，消费者在选择促销活动时，更偏好那些能够彰显品牌价值和形象的方式。例如，他们可能更愿意响应品牌故事、限量版产品或独家体验等促销策略，因为这些活动能够增强他们的身份感、提升他们的社会地位。

相反，内隐性消费产品是指那些主要在私人场合使用，不太为外人所见的商品，如家庭清洁用品、个人护理产品等。消费者在购买这类产品时，往往更注重产品的性价比和实用性。因此，他们更倾向于接受直接的价格优惠、买赠促销或打折活动，因为这些实惠型的促销方式能够为他们带来直接的经济利益。

对于消费者经常性购买的价格低廉的快速消费品，如食盐、牙膏、香烟、饮料等，消费者呈现出习惯性购买的行为特征。因此，利用价格折扣、多买优惠等价格优惠类促销会比较有效。

对于品牌差异虽大但易于选择的产品，如休闲服装、鞋帽、零食等，消费者呈现出多变型购买行为特征,品牌更换频率较高。因此,利用售点现场展示和导购推荐会比较有效。

对于品牌差异不大、单价高,且消费者购买频次较低的产品,如普通家电、家具等,消费者往往会采取协调性购买行为,以避免购买产品以后因降价而产生心理不适。因此,此类产品应突出价格公道实惠、强调售后服务保障及时可靠是比较有效的促销手段。

对于品牌差异大、价格昂贵、购买风险大的耐用品,如高档家电、汽车、住房等,消费者呈现出复杂型购买行为特征,消费者需要广泛收集信息,充分比较品牌差异,然后审慎地做出购买决策。此时,应重视与知名品牌开展联合促销,并在服务促销方面下功夫,以取得更好的促销效果。

另外,从产品的生命周期来说,处于不同生命周期的产品,也有其适用的促销方式。具体情况见表2-2。

表2-2　不同生命周期阶段适用的部分促销方式

促销工具	导入期	成长期	成熟期	衰退期
折扣、优惠	○	▲	▲	▲
免费样品	▲	○	○	○
有奖销售	○	▲	▲	○
展示会	▲	▲	○	○
服务促销	▲	○	▲	○

说明:"▲"代表效果较好;"○"代表效果一般

(三)品牌的市场地位

不同品牌在同一目标市场中通常处于不同的竞争地位,有强势品牌和弱势品牌之分。强势品牌在市场中有较强的影响力,公众对其社会责任要求也高,因此,强势品牌对消费者的促销应以建立和提升品牌形象为主要目标,倾向于采取着眼长期效果的促销方式;弱势品牌因为实力不足,对消费者的促销则应以实现短期销售、扩大市场份额为主要目标,倾向于采取能产生即时效果的促销方式。不同市场地位的品牌适用的部分促销方式见表2-3。

表2-3　不同市场地位的品牌适用的部分促销方式

促销工具	强势品牌	弱势品牌
折扣、优惠	▲	▲
免费样品	○	▲
有奖销售	▲	▲
展示会	○	▲

续表

促销工具	强势品牌	弱势品牌
服务促销	▲	○

说明："▲"代表效果较好；"○"代表效果一般

（四）竞争情况

企业应根据自身在竞争中所具有的实力、条件、优势与劣势，以及企业外部环境中竞争者的数量、实力、竞争策略等，选择最适合自己的、最有效的促销方式。特别是在选择促销策略和方式时，要与竞争者的促销活动形成差异化。

（五）促销预算及每种促销方式的成本效益

在制定促销策略时，必须考虑促销预算，因为它对促销方式的选择具有决定性的影响。正如俗话所说，"看菜吃饭，量体裁衣"，意味着预算决定了企业可以采取的促销行动的规模和范围。

此外，同时使用多种促销方法比单独使用一种方法会更加有效。例如，赠送的样品包装可以作为优惠券使用，使消费者在试用过后有兴趣进行第一次购买；在折价券上加上抽奖活动，可以增加折价券的兑换率，等等。

四、促销主题创意的思路和注意事项

促销主题是指促销活动的主体内容，其隐含着促销活动的核心利益。好的促销主题可以给消费者一个积极的参与（购买）理由，有效规避价格战带来的品牌损害，所以主题一定要与促销需求相吻合，以简洁、新颖、亲和力强的语言来表达。在不偏离品牌形象的基础上做到易传播、易识别、时代感强、冲击力强，而不是司空见惯的"买一送一""震撼热卖""特价酬宾"。一个富有创意的促销主题往往会产生较大的震撼效果，能带来销售额的提高和品牌形象的提升。

促销主题最终目的是能更好地吸引和打动消费者。在构思创意的时候，应该更多地站在消费者的立场上去理解问题，更多地从消费者的需求出发挖掘最富有感染力的促销活动主题，并以此作为整个推广活动的核心，整合各种促销要素，在终端与消费者形成互动的氛围，以最大限度拉近消费者与产品、企业的心理距离，从而吸引一批稳定的忠实消费群体，推动销售业绩持续增长。

（一）促销主题的创意思路

1.借势

所谓借势，就是借助外部环境的势能和力量，特别是当下社会关注度高的热点，创意构思一个融入当下热点元素的主题，为促销活动注入动能，吸引消费者关注和参与。通常的借势方法可以从"四日"入手。

（1）节假日。

节假日主要是指传统节日或国家法定假日，如端午节、中秋节、春节、元旦、十一国庆节、五一劳动节等等。

（2）热点日。

热点日主要是指举办世界性、全国性、区域性的大型活动、赛事的日子，如奥运会、世界杯、世博会、狂欢节等。

（3）事件日。

事件日主要是指借助一些有社会影响力的突发新闻事件给消费者制造话题热点，引起媒体和消费者关注，提高促销活动的知名度和关注度。

（4）纪念日。

纪念日主要是指企业或品牌的一些有纪念意义的日子，如开业、周年庆、产品获奖、新产品下线等具有特殊意义的日子都是策划促销主题的好素材。

2. 造势

能借势是上策，但如果不能像诸葛孔明那样借"东风"，那就只能自己造"东风"了。造势的常规方法就是"造节日"和"造事件"。

（1）造节日。

没有节日，可以"造节日"，如购物节、文化节、艺术节、音乐节、啤酒节等，所谓"文化搭台、品牌唱戏、终端收钱"是也。

（2）造事件。

"造事件"是指通过策划一些能被消费者和媒体关注的、能成为热点的、有行业和社会影响力的大事件和活动，引发媒体竞相报道，特别是通过网络获得快速的、大范围的传播和关注，扩大活动的影响力，激发消费者参与活动的兴趣和热情。

（二）促销活动主题创意应注意的事项

1. 主题要与消费者利益相关

活动主题应以打动和吸引消费者为目标，要想达到此目标，一定要将活动给消费者创造的最大利益点提炼出来并作为宣传主题。如果主题中不能明确表明消费者可获得的利益，则可以通过设置副主题来凸显消费者感兴趣的利益点。

2. 主题要易于传播

促销活动的信息只有传播出去才能吸引人们参加和关注。那么，促销主题作为重要的促销信息就不能是"大话""空话"，要简单明了、朗朗上口、利于传播。另外，如果在主题中适当地融入公益元素，如"绿色环保""健康""扶贫""励志进取"等，往往可以吸引媒体关注，进而取得广泛的、正面的广告宣传效应，扩大促销活动的影响面,最终提升品牌的知名度和美誉度。

3.主题要和品牌战略相结合

促销活动的目的不仅仅在于提升销售额,它同样承担着塑造和提升品牌形象的重任。一次成功的促销活动,应当能够激发消费者对品牌的正面联想,而不是带来负面的影响。如果促销活动未能达到这一效果,即便销售额有所提升,也不能称其为真正的成功。

4.主题要新颖、独特,有冲击力和吸引力

当前市场环境下,消费者对品牌的忠诚度在降低,对促销的敏感度却在不断增强。同时,品牌数量的激增和企业间竞争的加剧,促使企业更频繁地开展各类促销活动。这导致消费者每天都面临着海量的促销信息。

在这样的背景下,作为吸引消费者的首要元素,促销主题必须足够新颖和独特。促销信息本身也需要具备足够的吸引力和针对性,能够在第一时间捕捉消费者的注意力。此外,促销信息的表达应当简洁明了、易于识别和理解,以便于消费者记忆。这样,企业的促销活动才能够在众多信息中脱颖而出,实现有效的传播。

五、促销费用

促销费用是企业在产品销售过程中为促进产品销量提升而投入的各项销售促进及推广费用的总和,是企业重要的市场费用资源之一。

(一)确定促销费用预算的方式

就一项具体的促销活动而言,更具有现实意义的预算制定方法是目标任务法,即营销人员根据促销活动的目标、活动内容、所运用的促销形式以及相应的成本费用来确定促销活动预算。这种确定促销预算的方法也称为自下而上法,如图2-2所示。

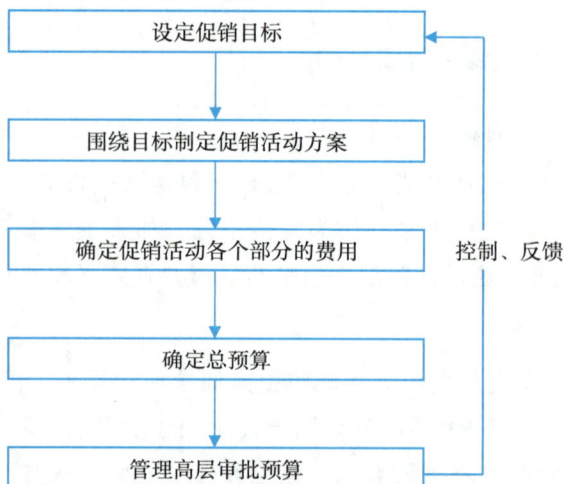

图 2-2 预算制定:自下而上法

采用自下而上法,基层营销管理人员在制定促销活动预算时,容易"只见树木,不见森林",考虑问题有其局限性。这个时候,需要企业营销管理的高层从企业营销活动的全局来加以把控,对促销目标、费用预算等进行合理的调整,使之更符合企业营销活动的现实状况与目标要求。

同时,促销目标与预算要同步考虑:预算要确保促销目标的实现,因此,没有具体的目标就很难确定预算;同样,确定目标时,要考虑到现实的可能性,包括财务的可能性,也就是要量力而行。

(二)促销活动成本构成

1. 管理成本

管理成本指实施促销活动产生的费用成本,如广告费、印刷费、邮寄费、设备费、人工费等直接投入的资金和物资成本。

2. 激励成本

激励成本指促销活动中让利给消费者的部分,如赠奖、减价等成本。

表2-4为一般促销活动成本统计表,具体费用项目可依据实际情况进行增减。

表2-4 一般促销活动成本统计表

制表人:_____ 部门/单位:_____ 日期:_____年__月__日

成本类别	项目分类	细分项目	规格/标准	单价	数量	费用小计	完成时间	备注
管理成本	宣传与布置	媒体广告						
		宣传册						
		吊旗						
		条幅						
		挂幅						
		背景板						
	场地及设备	场地租金						
		音响设备						
		桌椅						
		地毯						
	人工与办公	促销人员工资						
		补助费						
		通信费						
		其他办公						
	其他费用	摄影费						
		安全管理费						

续表

成本类别	项目分类	细分项目	规格/标准	单价	数量	费用小计	完成时间	备注
管理成本	其他费用	演出活动费用						
		嘉宾费用						
激励成本	促销品	促销卡						
		礼品						
合计								

他山之石

"康××香辣牛肉面"×市上市消费者促销活动方案

一、市场背景

（一）区域市场状况

1.市场对方便面的需求较大

该市为一线城市,生活节奏较快。在市场调研中发现:69%的被访者均有每星期吃方便面的习惯,因而方便面的需求也非常大;同时由于品牌的选择也越来越多元化,消费者吃方便面不再是为了吃饱,更多追求的是健康和营养。

2."一片繁荣"的销售市场

在该市各大超市统×、康××方便面这两个品牌都拥有自己的独立销售货架,而不会与其他品牌方便面同处一架,产品摆放十分显眼。

据各大超市的方便面销售员透露,统×、康××方便面这两个品牌的销售情况一直都趋于稳定增长,就算是新品种、新口味上市,也只要运用一些简单的促销手段,便可以卖得非常火爆。

此外,华×、今××、合×等品牌的方便面虽然销售量不如康××和统×这两个品牌,但是,在各大超市销售方面也非常可观。

（二）品牌影响

康××位于该市市场方便面的龙头地位,良好形象深入人心。

二、产品分析

（1）康××方便面有着极高的品质保证。

（2）杯面包装设计轻巧,深受消费者喜爱。

（3）定价在中低价位,适应市场需求。

（4）"香辣"口味深入人心。

康××选择上等牛肉,再配以秘法腌制的地道香辣酱进行快炒、精炖,香味浓郁,辣味出色,因而,康××香辣牛肉面汤鲜味美,鲜香爽辣,能够使人味觉大开。

三、主要竞争对手:统×

(1)方便面曾经的龙头老大。

(2)品牌时尚、年轻的氛围,深得消费者的喜爱。

(3)宣传密度大,提高了知名度。

统×香辣牛肉面自上市以来,宣传密度极大,在该市的电视、报纸、广播、车身广告、宣传栏、超市等地方都可以看见其宣传海报。同时,在该市的各大超市,包括连锁超市和小卖部,均有过促销活动,并且在方便面区域贴满了统×香辣牛肉面的宣传海报,宣传密度极大。

四、消费者分析

(一)康××香辣牛肉面的目标消费者

喜欢香辣食物或者重口味的单身的年轻白领、学生。

(二)单身且年轻的白领、学生的购买原因

方便快捷;喜欢刺激性的食物。

(三)购买地点

(1)连锁超市商品多样化,符合该市消费者购物习惯。

(2)学校内小超市垄断了学校经济消费。

五、SWOT分析

(一)优势

康××近几年大力宣传旗下的各种系列的方便面产品,而良好的产品品质和味道在消费者心目中积累了极高的知名度和好感度,因此,推出新产品康××香辣牛肉面的时候,消费者会因为康××这个高知名度的品牌,而尝试购买康××香辣牛肉面。

(二)劣势

香辣牛肉面是由其竞争对手公司率先推出的,并且被该公司大力宣传,市场方面该公司已占得先机,且在消费者心目中已经有了较高的地位。该品牌的香辣牛肉面占据了该市大部分的消费市场,因此,康××想要抢占该部分市场较为困难。

(三)机遇

香辣面深受该市市民的喜爱,因此康××推出香辣牛肉面在口味上会深受大众喜爱,从而吸引消费者持续购买康××香辣牛肉面,可以预见到该品类有着极大的发展空间。

(四)威胁

尽管康××占据了方便面市场的龙头地位,但是由于方便面市场和目标受众的不断细分,同时竞争对手也在不断推出新产品、大力宣传,竞品销售量剧增,直逼康××,其龙头地位受到威胁。

六、促销活动方案

（一）网络促销活动

1.活动目的

拉近与目标消费者的距离，提高康××香辣牛肉面在消费者心目中的良好形象和知名度，从而促进销量提升。

2.活动对象

喜爱玩QQ空间应用游戏的年轻QQ用户。康××香辣牛肉面的目标消费者:年轻白领、学生几乎都是腾讯用户,腾讯QQ是重要的通信工具,而腾讯空间伴随着这一代的年轻白领、学生长大,因此年轻白领、学生都有玩腾讯QQ空间的习惯。

3.活动主题

鲜香爽辣,畅爽端午。

4.活动时间

端午节期间。

5.活动网址

腾讯QQ空间应用游戏(QQ农场、QQ加工厂、QQ餐厅)。

6.活动方式

（1）与QQ农场合作,在QQ农场发布公告,让农场用户在农场购买制作香辣牛肉面的原材料的虚拟种子,累积一定数量之后,在QQ加工厂进行加工,变成香辣牛肉面,进而在QQ餐厅进行售卖,售卖超过一定数量的QQ餐厅用户,可以获得农场、餐厅的不同程度的装扮、种子等奖励。

（2）给予实质奖励(如平板电脑等奖品),刺激QQ用户积极参与。为了能够刺激QQ用户积极参与活动,此次活动不仅设置有虚拟的奖励,同时也有实质性的奖励。在QQ餐厅用户售卖一定数量的康××香辣牛肉面可以进行一次抽奖,在活动期间,每天均会送出平板电脑等不同等级的奖品。

（3）随机通知QQ用户获得实质奖品的用户名,激励QQ用户更加热情地参与。获得实质性奖品的用户需要留下个人的联系方式,以便兑奖。平台将获得奖品的用户名公布在获奖榜上,并以小消息的形式将榜单随机发送给QQ用户,从而激励更多QQ用户参与活动。

7.活动的前期宣传

与腾讯公司合作,每天随机选取用户,以小消息的形式通知用户;提前在QQ农场、QQ餐厅、QQ加工厂发布此项活动的公告通知。

（二）线下促销活动

1.活动目的

提升康××香辣牛肉面在该市场区域的销售量。

2.活动对象

康××香辣牛肉面的目标消费者:年轻白领、大学生。

3.活动主题

甜蜜七夕,畅爽你我。

4.活动时间

七夕节期间。

5.活动地点

城市广场。

6.活动方式

(1)七夕节期间,在××广场举行情侣游戏活动,消费者购买一定数量的康××香辣牛肉面后,可进行双人游戏。没有同伴的消费者可在现场工作人员的帮助下找到暂时的合作伙伴,结成二人团队进行游戏。游戏获奖者有机会赢取夏威夷旅游大奖。

(2)在活动周边开展康××香辣牛肉面促销活动。在活动周围设置促销地点,购买双数的方便面可获得不同价位的赠品,同时也是参加游戏活动的入场券。如:

A.购买2至6包五合一的香辣牛肉面,赠情侣手机链;

B.购买8至12包五合一的香辣牛肉面,赠情侣大头贴点;

C.购买2箱以上的康××香辣牛肉面,赠送情侣大头贴、现场印制有大头贴的情侣杯,并获得参加比赛的资格。

7.活动的宣传预热

(1)广播广告,宣传此次活动:巴士广播网(15天)。

(2)提前三天在城市广场进行传单的宣传。

七、费用预算(略)

八、效果预估

(1)提高康××香辣牛肉面在消费者心目中的知名度,在消费者心目中树立良好形象。

(2)拉近与目标消费者的距离。

(3)提升康××品牌的时尚度和年轻度。

(4)提升康××香辣牛肉面在该市地区的销售量。

(根据网络资料编辑整理)

任务实施

· 明确工作任务

根据前述任务背景和知识链接，为"柳新"螺蛳粉月饼上市设计一个针对终端消费者的促销活动方案。

· 实施步骤

一、制定工作计划

小组成员一起，根据促销活动策划任务的工作内容与要求，以及完成时间，制定一份自己小组的工作计划，并填写表2-5。

表 2-5　促销活动策划工作计划

策划小组：　　　　　　　　　　　　　　　　　　　　制定时间：　　　年　　月　　日

序号	工作内容	工作方法	负责人	完成时间	完成标准	备注

二、依据工作目标，分步骤实施工作计划

步骤一，分析促销背景，收集促销活动策划所需的信息。小组成员查阅资料并讨论，拟定收集促销信息的种类、对象、收集方法、分工，收集信息的标准、时间要求、注意事项等，分析新品上市面临的最主要市场和营销问题，最后形成一份背景分析简报。

步骤二，策划小组成员一起，采用头脑风暴法，集思广益，形成促销活动策划方案。方案应包括促销背景分析、促销目标、促销区域与对象、促销产品、促销方式、促销期限等内容。策划方案以书面形式完成。

步骤三，以小组为单位，展示、汇报促销活动策划方案。

任务评价

一、任务完成评价

任务完成情况评价满分为100分。其中,作品文案为85分,提案(展示陈述)为15分。企业评价占比为40％,教师评价占比为40％,学生互评占比为20％。并填写表2-6。

表2-6　任务完成评价表

	评价指标	分值	企业评价	教师评价	学生互评	得分
作品文案	促销背景分析的全面性与准确性	10分				
	促销目标清晰、明确	15分				
	促销形式的创意性	20分				
	促销主题的创意性	20分				
	促销活动方案内容的完整性	10分				
	方案设计的合理性、合法性	10分				
提案	PPT设计	5分				
	语言表达	5分				
	形象	3分				
	团队配合	2分				

二、个人表现评价

对个人在完成工作任务过程的表现进行评价,侧重点在个人素质方面。按优秀(5分)、良好(4分)、一般(3分)、合格(2分)、不合格(1分)五个等级进行评价。个人表现评价分为学生自评与小组成员互评,并填写表2-7。

表2-7　个人表现评价表

	素质点评价	得分
学生自评	团队合作精神和协作能力:能与小组成员合作完成项目	
	交流沟通能力:能良好表达自己的观点,善于倾听他人的观点	
	信息素养和学习能力:善于收集并借鉴有用资讯和好的思路想法	
	独立思考和创新能力:能提出新的想法、建议和策略	

续表

素质点评价		得分
小组成员 互评1	团队合作精神和协作能力：能与小组成员合作完成项目	
	交流沟通能力：能良好表达自己的观点，善于倾听他人的观点	
	信息素养和学习能力：善于收集并借鉴有用资讯和好的思路想法	
	独立思考和创新能力：能提出新的想法、建议和策略	
小组成员 互评2	团队合作精神和协作能力：能与小组成员合作完成项目	
	交流沟通能力：能良好表达自己的观点，善于倾听他人的观点	
	信息素养和学习能力：善于收集并借鉴有用资讯和好的思路想法	
	独立思考和创新能力：能提出新的想法、建议和策略	
小组成员 互评3	团队合作精神和协作能力：能与小组成员合作完成项目	
	交流沟通能力：能良好表达自己的观点，善于倾听他人的观点	
	信息素养和学习能力：善于收集并借鉴有用资讯和好的思路想法	
	独立思考和创新能力：能提出新的想法、建议和策略	
小组成员 互评4	团队合作精神和协作能力：能与小组成员合作完成项目	
	交流沟通能力：能良好表达自己的观点，善于倾听他人的观点	
	信息素养和学习能力：善于收集并借鉴有用资讯和好的思路想法	
	独立思考和创新能力：能提出新的想法、建议和策略	
小组成员 互评5	团队合作精神和协作能力：能与小组成员合作完成项目	
	交流沟通能力：能良好表达自己的观点，善于倾听他人的观点	
	信息素养和学习能力：善于收集并借鉴有用资讯和好的思路想法	
	独立思考和创新能力：能提出新的想法、建议和策略	

任 务 小 结

以小组为单位，分析本小组在促销活动方案策划工作过程中做得好的地方，以及存在的问题与不足，并提出改进方法。同时思考：

（1）本策划案有哪些亮点？存在哪些不足？如何改进？

（2）在完成本项目学习过程中，你学会了哪些分析和解决问题的方法？

（3）在完成本项目学习过程中，你认为自己还有哪些地方需要改进？

知 识 训 练

1.针对终端消费者促销的目的主要有哪些？

2.针对终端消费者促销的主要形式有哪些？

扫码答题

理论知识练习

3.促销活动的成本构成有哪些?

技 能 训 练

1.根据企业专家和专业老师的评价结果与建议,以小组为单位,改进优化促销活动方案。并形成书面学习工作总结。

2.在校园内部分实施该促销活动策划案。

实战训练任务6
中间商销售促进活动策划

任务分析

分析促销背景

建立促销目标

明确促销区域与对象

确定促销产品范围

策划促销方式

确定促销时间期限

促销方案测试与完善

反馈

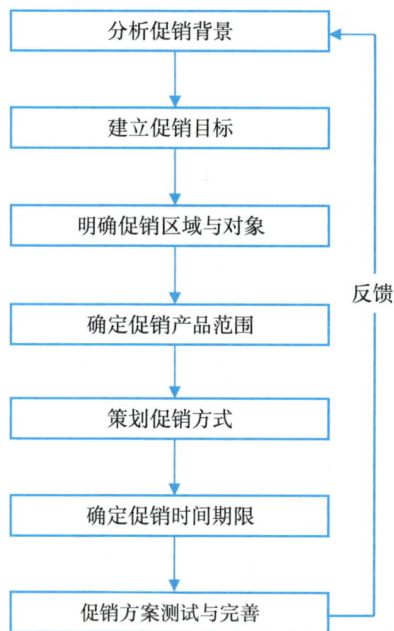

图2-3　中间商促销活动策划流程

由于中间商（本教材里涉及的中间商主要指批发商和零售商）购买产品的目的不同于消费者，其促销活动的偏好与消费者有很大的不同。在策划面向中间商的促销活动时，要充分考虑企业和中间商的不同利益诉求，追求合作双赢。

一般而言，为有效开展中间商促销活动，在策划促销活动的时候，策划人员要充分考虑以下问题，如图2-3所示。

一、分析促销背景

企业在制定中间商促销活动策略与方案之前，要做好充分的市场调查，以明晰促销活动要解决的问题和需要达到的目的，提高促销活动的针对性和有效性。调查的内容主要包括：区域市场面临的主要营销问题、产品销售状况、区域市场特性、中间商的类型特性、主要竞争对手近期的营销策略、分销渠道及促销方式、自身企业营销现状及资源状况等。

（一）市场状况分析

市场状况分析包括对所处行业的发展现状与前景、总体市场销售状况，以及具体品类的竞争态势、供应链等方面进行分析。

（二）中间商分析

中间商分析主要包括对中间商的构成、行为特征、需求与偏好等方面进行分析，尤其是对中间商在选择竞品与本企业产品时的需求特点进行深入分析,力求找到渠道推广的突破口。

（三）竞争者分析

竞争者分析重点在于对竞争对手的渠道政策和市场营销活动进行有针对性的分析,制定差异化或更有利于双赢的政策,吸引中间商开拓渠道。

（四）自身分析

自身分析包括对企业当前的营销目标、各品类产销状况以及以往渠道推广的政策与成果,做出全面的分析评估,确保制定的政策能有力地拓展企业渠道的长度、宽度与深度,促进企业战略目标的实现。

在实际调研工作中,应根据具体情况,如渠道推广的市场范围、中间商层级、涉及品类等因素,有针对性地挑选调研分析的侧重点。

二、建立促销目标

根据之前的分析,明确促销要实现的目标。促销目标要服从并服务于企业的整体营销目标,同时还需要有效地解决企业目前面临的市场营销问题。

三、明确促销区域与对象

在大多数情况下,企业很少会针对市场上所有的中间商开展全面的促销活动,除非是在新产品上市或进行全局性的营销策略调整时。这是因为促销活动通常旨在解决区域市场中特定阶段遇到的特定销售问题。例如,促销活动可以用来应对区域市场销售的下滑,或是局部市场在面对市场竞争时所需的策略。选择具体的促销区域和对象,主要是基于对区域销售状况的分析以及中间商的类型和特性。

四、确定促销产品范围

企业应该按照营销规划、产品库存和市场竞争的需要选择开展中间商促销的产品品种与结构,可以概括为促销产品范围。企业与中间商在此方面往往会有认识上的差异。一般而言,中间商出于追求市场和效益的经营目的更希望企业开展全线产品的全面促销活动,尤其是希望对畅销品或是某些获利丰厚的产品进行促销;而企业则会根据长线产品和短线产品、畅销品和滞销品、库存积压品和上市新品等不同的产品品种和销售状况来选择性地开展促销活动。

因此,在确定促销产品范围的问题上,企业要与中间商充分沟通与协调,争取中间商的积极配合。

五、策划促销方式

企业要根据产品、市场、时间节点，以及目前营销活动需要解决的问题和经销商的偏好来策划有效的促销方式。

六、确定促销时间期限

企业主要根据产品销售季节、产品销售周期、产品销售频率以及竞争对手的促销活动来确定促销时间期限。促销时间不宜太长，也不宜太短：促销时间太长，中间商会因为迟迟见不到销售成果以及奖励，容易产生懈怠情绪，销售的积极性无法持久；促销时间太短，中间商又容易出现短期行为，即只关注短期迅速获利，而忽视企业通过促销活动来带动产品长期销售的初衷。

七、促销方案测试与完善

企业在大规模执行促销活动方案之前，有必要进行事前测试，以确保促销活动能得到中间商的积极响应和支持，从而更好地实现促销目标。事前测试常用的方法是征询意见法，即选择有代表性的中间商，征询他们对促销活动的看法，测试他们对促销活动的理解、支持和响应程度，然后根据中间商的反馈意见进一步完善促销方案。

知识链接

一、针对中间商促销的目标

对企业而言，针对营销渠道内的中间商（如分销商、批发商、终端店等）开展推广活动的目标，主要有提高铺货率、扩大销量、助力新品上市、消化库存、季节性调整、应对竞争和产品代际过渡等。

（一）提高铺货率

衡量品牌推广成败和销量是否提升的一项重要指标是铺货率。在产品上市阶段拥有一定数量的铺货率，对于产品推广、广告配合、稳定市场等方面都有着极为关键的作用。为确保实现铺货率目标，中间商需要按计划组建、扩大或调整分销网络和终端网络。

（二）扩大销量

在市场达到一定铺货率之后，企业的主要目标是提高产品的市场占有率。此时，针对中间商的促销目标已经由实现铺货率目标转换为扩大销量，即增加分销商和终端的订货量，获取企业预期的利润。

（三）助力新品上市

由于市场需求呈现多样化和多变性趋势，中间商往往需要企业及时根据市场需要推出新品。而当新产品刚刚上市后，由于消费者对该产品的认知度低，消费积极性和欲望也相对较低，如何快速提升消费者对产品的认知度，从而激发其消费欲望，是企业重点关注的问题。此时，除了必要的广告宣传外，还需要针对中间商策划有效的促销活动，加大渠道的推力和消费者的拉力，双向助力来实现新产品的成功推广。

（四）消化库存

受困于产品包装、功能、季节等因素，库存积压在所难免，中间商需要定期清理积压库存。虽然处理库存可能会打乱市场价格体系，并减少企业利润，但如果中间商在处理库存时能巧妙地运作自身已有的资源，亦可借此扩大市场占有率，提高销量的同时合理消化库存。

（五）季节性调整

大部分产品的销售，都会受到季节性因素的影响，如换季、节庆、特殊事件等，这是由产品特性和消费者需求变化引起的。因此，企业选择相应的时机，开展推广活动，对于这一类的产品，能够起到较好的销售调节作用，同样也可以帮助中间商去库存。

（六）应对竞争

竞争对手的渠道策略和渠道推广活动，也时刻影响着企业对自身渠道内中间商的管理，大部分企业会根据竞争对手的渠道政策采取适当的应对措施。

（七）产品代际过渡

随着产品的生命力进入衰退期，产品的价格和中间商的利润已经较为透明，这时中间商推广该产品的意愿会明显降低，与此同时新产品还没有完全替代老产品占领市场。面对这种情况，为了延长老产品的生命周期，使新产品从导入期平稳过渡到成长期，企业往往会通过优化中间商的推广政策，去影响新老产品交替的周期，保证产品代际间的顺利过渡。

二、针对中间商促销的常用方式

不同类别的产品,如快消品、耐用品、工业品等,其针对中间商的推广方法也存在巨大的差异。本教材以快消品行业为例,介绍针对中间商的常用推广方法。需要说明的是,在企业开展渠道推广活动时,通常会将这些方法混合搭配,灵活运用。

(一)价格折扣

价格折扣是实实在在的利益激励,是使用广泛、操作简便、效果明显的一种针对中间商的促销方式。

1. 数量折扣

数量折扣是企业对大量购买本产品的中间商给予的一种价格优惠。一般按购买数量或金额给予不同的折扣,购买量越多,折扣也越大,以鼓励中间商增加购买量。数量折扣在实际中又分为两种。

(1)累计数量折扣。

累计数量折扣,即对一定时期内累计购买超过规定数量或金额给予的价格优惠,目的在于鼓励中间商经常购买、长期购买,和企业建立长期固定的合作关系,成为企业稳定的客户。数量折扣的关键在于合理确定给予折扣的起点、折扣档次及每个档次的折扣率。比如,购买量累计达到1000套,价格折扣为3%;达到2000套,折扣为5%;超过3000套,折扣为6%。累计数量折扣特别适用于长期交易的商品、大批量销售的商品,以及需求相对比较稳定的商品。

(2)一次性数量折扣。

一次性数量折扣,即对一次性购买超过一定数量或金额给予的价格优惠,目的在于鼓励客户增大单位订单购买量。比如,购买饮料,一次性购买100(含)—200箱折扣为10%,购买200箱及以上折扣为15%,不足100箱不给折扣。一次性数量折扣对短期交易的商品、季节性商品、零星交易的商品,以及过时、滞销、易腐、易损商品的销售比较适宜。一次性数量折扣不仅可以鼓励客户大批量购买,而且有利于节省销售、储存和运输费用,促进产品多销、快销。

2. 季节折扣

可以在销售淡季或旺季到来之前,给予中间商较大力度的价格折扣优惠,以增加中间商的进货量和存货量,鼓励非季节销售。企业通过这种方法,可以减少资金积压、降低仓储费用和商品损耗,保持生产经营活动持续、正常运转。

3. 现金折扣

现金折扣是指企业对于在约定时间内提前付清货款或用现金付款的客户给予

一定比例的折扣。如,"2/10,1/20,n/30"是指客户需在30天之内付清货款;如果在10天之内付款,可以获得2%的现金折扣;在10—20天之内付款,可以获得1%的现金折扣;如果超过20天,在30天之内付款,则没有折扣。现金折扣旨在鼓励客户现金付款和尽快付款,以提高销售回款率,加快资金周转,防范坏账发生,降低经营风险。

4.职能折扣

为鼓励中间商积极开发市场,强化风险共担意识,紧密与企业的合作和联系,企业向中间商提供一定比例的价格折扣,来鼓励其投入自身的资源执行一些市场开发职能,包括宣传、广告、促销、售后服务、展售等。当然,中间商承担的功能越多,享受的价格折扣就越多。

5.进货品种折扣

如果中间商在进货时,同时买进几种不同品种、不同款式规格的产品,企业则视其购买品种的多少给予一定比例的价格折扣。

(二) 本品买赠

企业有时会根据客户的购买数量,向其赠送一定数量的相同产品,例如实行购买100件产品送2件的促销策略。从本质上讲,这种本品买赠的做法实际上是一种数量折扣的优惠方式,它将传统的价格折扣转变为实物赠送的形式,这样中间商获得商品的单位成本也就降低了。

与直接的数量折扣相比,本品买赠的优势在于能够帮助企业更有效地减少库存。这种做法往往更受企业欢迎,尤其是当企业希望推广非畅销产品(如推广新品)时。企业通常将本品买赠作为一种压货方式,其主要目的是在不影响畅销产品销售的基础上,确保滞销品或新产品能够被终端网点顺利接受。

通过本品买赠,企业可以减少终端铺货的难度,增加终端对产品的进货量,并促进终端对新产品或滞销品的推广。然而,这种促销手段也有可能带来一些风险,比如可能导致低价甩货的行为,这可能会扰乱产品的价格体系,甚至缩短产品的生命周期。

因此,在采取本品买赠的促销策略时,企业需要权衡其利弊,确保促销活动既能达到预期效果,又能维护产品的市场定位和价格稳定性。

(三) 销售返利

销售返利是一种旨在提升中间商销售动力和激励销售的促销策略。企业通常会设定一些条件,要求中间商在特定的市场和时间范围内实现既定的销售额目标,一旦达到这些目标,企业会给予中间商一定百分比的奖励,这种做法因此也被称作返点。

这种返利机制鼓励中间商努力销售,因为他们知道随着销售量或销售额的增长,能够享受的返利比例也会相应提高。这样的激励措施可以有效地促进产品的销售,同时也加强了企业与中间商之间的合作关系。

在制定返利政策时一定要考虑如下四点因素。

1. 返利的标准

企业需要根据品种、数量、坎级、返利额度来制定返利标准。制定标准时,一要参考竞争对手的情况,二要考虑现实性,三要防止抛售、倒货。返利标准不宜设置得过于宽松,否则会失去激励销售的目的;返利额度也不宜设置过高,否则会造成产品价格下滑或者出现倒货现象。

2. 返利的形式

返利的形式有以下三种。

一是现金返利,企业可以直接以现金、支票或冲抵货款的形式向中间商提供返利。这种方式直接减少了中间商的成本负担,为他们提供了即时的资金激励。

二是货物返利,企业用中间商所销售的产品或其他适合中间商销售的畅销产品作为返利。这种方式可以增加中间商的产品库存,同时帮助他们推广更多产品。

三是组合返利,在某些情况下,企业也可能采取现金返利和货物返利的组合方式,以满足中间商的不同需求和偏好。

总之,每种返利形式都有其独特的优势和适用场景,企业在选择返利方式时,需要考虑中间商的具体情况和市场策略,以确保返利政策能够有效地激励销售并促进双方的合作关系。

通过灵活运用不同的返利形式,企业可以更好地激发中间商的积极性,促进产品的销售和市场拓展。

3. 返利的时间

返利按时间不同,可分为月返、季返、年返。企业应根据产品特性、货物流转周期来决定返利的时间。

4. 返利的附属条件

为了确保返利政策能够有效促进销售,避免产生负面效果,如倒货现象的发生,企业在实施返利时必须附加一些条件,比如区域销售限制、价格控制、货款管理、竞争品牌限制、违规惩罚等。通过设置这些附属条件,企业可以更好地控制返利政策的执行,确保返利活动能够按照预期目标推进,同时防止不当行为对企业利益和市场秩序造成损害。

这种严格的条件设置有助于维护企业的利益,同时确保返利政策真正成为推动销售和增强市场竞争力的有效工具。

（四）奖励

除了价格折扣和销售返利,企业还会采取一些特别的奖励措施,以进一步激励中间商的进货热情和销售积极性。

1.铺货支持奖励

企业在新品上市初期,为了迅速让产品进入市场,往往会给中间商以及终端客户提供一定的铺货政策作为奖励,来激发客户积极性。如给予首批进货金额的10%作为铺货支持奖励。

2.进货坎级奖励

企业为了激励中间商的进货积极性,常常会采用进货坎级制的促销策略。具体做法是,企业会设定不同的进货量级,并根据达到的量级赠送相应的市场旺销产品。例如:一次性进货达到1000件时,企业可能会赠送100件旺销产品;达到2000件时,赠送300件;达到3000件时,赠送500件等。同时,为了控制促销成本和配额,企业还会设定进货的上限。然而,这种方法也存在一些潜在的弊端。首先,如果市场推广不成功,客户可能会面临大量库存积压的问题。当赠品带来的利润回收后,客户可能会选择低价处理积压的产品,这将导致市场价格体系的混乱。此外,过多的库存积压还会带来其他问题,比如占据库存空间,影响其他品项的进货,进而影响企业整体的产品流通和销售。因此,企业在采取进货坎级制时,需要综合考虑市场情况、产品特性和客户需求,合理设定进货量级和上限,同时加强市场推广支持,以降低库存积压风险,维护产品价格体系的稳定。

3.实物奖励

实物奖励是一种旨在加强客户关系、激发经销热情和维护品牌忠诚度的促销策略。其核心在于通过提供高价值的实物奖励来激发客户进货或销售的积极性。这种奖励可以采取多种形式,如进货奖励、年度销售奖励、客户营销会议等。实物奖励的特点是直接且具有吸引力,例如,企业可能会规定,当客户一次性进货达到1000箱时,奖励其一辆面包车。这种奖励不仅能够立即提升客户的满意度和忠诚度,还能够作为一种激励机制,鼓励客户增加进货量并加大销售力度。通过实物奖励,企业可以有效强化与客户之间的合作关系,同时促进产品的销售和市场占有率的提升。然而,企业在实施实物奖励时也应注意奖励的公平性和可持续性,确保奖励措施既能达到预期效果,又不会对企业的长期发展造成不利影响。

4.产品包量奖励

不同终端网点在区域内的销售能力存在差异,所以导致销售成果往往参差不齐。为了提升优秀中间商的利润空间,并激发他们推广和销售产品的热情,企业往往采取一系列措施来促进销售。比如,增加优秀中间商的利润点,调动其主推、销售的热情,同时也刺激其他中间商,提高自身的销售水平。此外,企业还会通过常规的政策支持与包量任务完成的台阶奖励,以及超额完成时的模糊奖励,来激励终端网点的销售积极性,维护销售规范性。在追求销量最大化的今天,能实施以上规范化操作的企业,多是区域市场的强势品牌。

5.任务完成率奖励

根据销售任务完成情况进行激励,是企业为了激励中间商积极销售产品而采取的一种策略。这种激励通常包括价格补贴,旨在鼓励中间商在规定的时间内达成既定的销售目标。具体的激励措施通常在事前与中间商进行明确约定,包括销货时间规定、销售货品量规定、奖励幅度规定等。

这种激励机制鼓励中间商在最短的时间内销售尽可能多的货物。任务完成得越好,获得的奖励就越大;如果任务完成情况不佳,奖励可能会相应减少,甚至没有奖励。

通过这种激励方式,企业能够有效地调动中间商的积极性,促进产品销售,同时也能提高企业的市场竞争力。

6.销售季节奖励

销售季节激励,是企业为了刺激中间商或核心大客户,能够在淡季囤积产品,帮助企业抢占市场或抢占销量,避免竞争对手有机可乘而实施的一种激励措施。企业在正常的促销政策外,会再给予一定的淡季储货奖励,季节奖励的幅度根据季节的转换决定。淡季奖励幅度比较大,旺季到来时开始降低奖励幅度,企业以此激励中间商与核心大客户淡季多压货。

7.回款速度奖励

核心大客户一般进货量大、销售情况好,但容易欠款。出现这种情况时,除正常催款外,在某个节点为提高客户主动、自觉回款的速度,企业会出台某种回款速度奖励政策,即回款时间越短,得到的奖励越多。例如,在成交10天内现金付款,可给予3%的奖励;超过10天付款,除按照正常结算外,还要支付利息。这类政策可以促使核心大客户积极回款。在家电行业,许多企业为了缓解资金压力,激励中间商提前预付货款,不仅给予中间商高额奖励,还会根据打款日期,为中间商提供高于银行常规利率的利息补贴。

8.付款方式奖励

付款方式奖励多指延期付款、分期付款或压批付款。延期付款是指客户可以先进货,然后在企业给予的一定信用期限内完成付款。分期付款是指客户可以选择分几期向企业支付货款,减轻一次性付款的资金压力。压批付款也是一种常见的做法,企业允许中间商在进货时先压一定数量的货物,待后续进货时再进行结算。这些付款方式奖励可以解决部分客户在资金周转上的困难,同时也能吸引更多的中间商和大客户积极进货和销售产品。需要强调的是,压批付款特别适用于那些希望减少库存压力同时又能保持供应链稳定的企业。例如,压批付款的操作方式可以是,企业首次向中间商提供一定数量的货物作为压货,当中间商再次进货时,只需支付超出压货部分的货款,而压货的款项则在后续交易中逐步结算。

通过这些灵活的付款方式,企业不仅能够提升客户的满意度和忠诚度,还能增强自身的市场竞争力。

9.客户授牌奖励

在某些市场中,部分中间商凭借其强大的分销实力脱颖而出,他们通常拥有完备的配送体系和强大的物流能力,控制着区域内的大部分销售网络,并且资金实力雄厚。面对这样的区域市场,企业往往会选择实施独家经销策略,通过授予客户如"××市场独家经销商"的认证牌匾,或者颁发"××年度销售状元""××年度市场开拓状元""××年度市场增长率状元"等荣誉称号,来表彰他们的杰出表现。企业会把握客户间的竞争心理,通过授予荣誉称号来激励他们,同时激发其他渠道商的积极性。随着营销重心的下移,市场竞争越来越集中在终端的争夺上。

独家经销虽然有其优势,但也需要注意在终端市场的精耕细作。企业应协助客户发展其下游分销体系,加强对终端的控制力,以维持在区域市场上的长期竞争优势。通过独家经销策略,利用客户授牌奖励的方式,企业不仅能够激励中间商提升销售业绩,还能够促进整个销售网络的健康发展,实现长期的市场占领。

10.平台提升奖励

为了深化与下游中间商的合作关系,众多企业开始采取创新的合作模式,邀请实力较强的中间商参与到公司的经营决策中。这种合作方式包括让中间商参股或控股,甚至成为企业的合伙人之一,构建企业联盟体,共同成立销售公司。通过这种方式,区域市场的大中间商不仅被吸引成为公司的股东,还可能担任董事会成员,形成战略联盟。这种深度合作模式能够赢得中间商的深度信任,因为他们直接参与到企业的经营决策中。中间商可以更充分地利用企业的资源和品牌优势,同时企业也愿意为中间商提供更大的利润空间和支持。在双方的共同努力下,区域市场的启动和维护变得更加顺畅,实现了双赢的局面——中间商的利润和目标得到了充分的实现,同时企业也通过这种合作模式增强了市场竞争力。这种合作模式不仅能够加强企业与中间商之间的联系,还能够促进双方资源的整合和优化,共同推动区域市场的稳定增长和长期发展。

(五)销售竞赛

销售竞赛是企业通过组织中间商开展销售竞赛,以竞赛激励机制和竞赛奖励内容刺激中间商扩大进货从而促进产品销售的一种促销方式。销售竞赛的主要形式有以下四种。

1.销售量竞赛

销售量竞赛,即以一定时期内中间商销售本企业产品的数量或者销售额为竞赛项目。也可以相对上一期的销售增长率和销售额的目标达成率来开展竞赛。这是最常见的一种竞赛方式。

2.陈列竞赛

陈列竞赛可分为质的竞赛和量的竞赛两种形式:质的竞赛包括商品陈列和外观美感等方面的竞赛;量的竞赛包括陈列在货架上的促销商品数量和陈列位置两个方面的竞赛。陈列竞赛的目的在于确保和提高促销商品在中间商货架上的占有率。

3.销售技术竞赛

销售技术竞赛以中间商的销售人员为对象,竞赛项目包括接待技巧、推销口才、商品知识、商品演示技巧、理货速度、货品陈列技巧、售后服务技术等。

4.创意竞赛

创意竞赛主要是在广告创意、新产品销售工具创新、商品陈列创意、产品设计及改进等方面展开竞赛。通过竞赛,可以让中间商和销售人员更好地认识产品和市场,转变营销观念,改变营销思维,变被动为主动,激发中间商的创造性和主动性,提高销售工作效率。

(六)补贴

为鼓励中间商积极开展产品品牌宣传和市场推广活动,扩大产品品牌市场影响力,加速产品销售,企业常常对中间商采取多种补贴措施,以争取他们的支持与合作。

1.广告补贴

企业通过对中间商提供广告补贴来提升其市场开发和产品销售的积极性,进而促进产品快速进入终端。根据广告补贴的形式不同,可以将其分为实物补贴和资金补贴两种。而根据广告补贴的方法不同,则又可以分为以下三种。

一是按进货量的百分比进行补贴,如按进货量2%进价配置补贴金额。

二是按季度市场增长幅度进行补贴,如季度市场增长5%,则返点1%。

三是按铺货目标进行补贴,如完成季度铺货目标,则返点2%。

2.产品陈列补贴

为了充分展示产品形象,增加顾客购买机会,抢夺产品陈列排面已成为众多品牌竞争的方式之一。若中间商能够按照企业要求,将产品陈列在主要的、明显的货架上或者能够积极对自家产品进行堆头陈列、户外堆箱陈列等,企业将给予中间商一定的补贴。

在实际操作中,有些企业会将陈列津贴与销售量挂钩,设定陈列和销售量双指标进行坎级奖励。例如,基本陈列费300元/月,如果在规定时期内完成规定的销售额,每月陈列费额外增加200元,如果销售完成的目标更高,则给予的额外陈列费用会更高。

3.终端生动化补贴

为了加强品牌宣传,塑造积极的品牌形象,并提升消费者对品牌的认知度,企业致力于在销售终端为消费者创造强烈的感官体验和活跃的购物氛围。通过这种方式,企业旨在营造一种超越竞争对手的竞争优势。为此,企业会对中间商实施年度或阶段性的终端生动化项目,内容一般包括店招/门头制作、橱窗展示,以及LED屏和展架、POP(销售点)材料和灯箱、海报和价格签、店内外堆箱展示等。企业鼓励中间商按照公司设定的终端生动化标准进行执行,并为此提供一定的财政补贴。这样的激励措施旨在确保品牌形象的一致性和提升销售点的吸引力,同时也确保中间商在执行生动化项目时能够得到合理的经济支持。

4.促销活动补贴

根据促销活动政策和市场竞争情况,企业对中间商开展的特定的促销活动给予适当的补贴,以强化终端销售,加速商品流通,防止渠道大量积压库存。补贴可以按照促销活动的场次给予定额补贴,也可以按照促销活动销量和一定的比例进行补贴,特殊情况下甚至可以全额补贴整场促销活动的所有费用。

(七) 会议促销

企业采取的针对中间商的会议促销一般有两种方式。

一是展销会。展销会是展示企业产品线并与客户进行互动交流的主要机会。展销会可以实现包括产品演示、识别潜在客户、收集客户和竞争者信息等促销功能。

二是经销商会议。召开经销商会议,以隆重的聚会形式,向经销商宣布营销策略、销售政策和促销奖励措施,是激励经销商的重要形式。从会议时间上来看,有年度性销售会议和阶段性促销会议等形式;从参会经销商对象来看,有全国性经销会议和区域经销商会议等形式。

(八) 培训支持和人员助销

随着市场竞争的加剧,中间商在运营过程中逐渐暴露出自身短板,尤其是营销能力和销售技能的不足,成了阻碍其进一步扩大市场规模的主要制约因素。在这种状况下,多数中间商改变思路,不再简单地向企业要物质方面的激励,而是要资源、要支持。为此,企业可以为中间商及其员工提供培训支持,以提高中间商的运营水平,增加竞争力。此外,企业还会匹配专门的业务人员助销,指导中间商的运营操作,并根据具体情况,设计合理的中间商考核体系、建立完善的配送体系、制定合理的竞争方案,帮助中间商提高自身管理水平、健全财务制度等。

三、中间商促销活动偏好

中间商在企业的渠道促销中扮演着双重角色：既是促销活动的受益者，也是这些活动的执行者。因此，他们通常对企业的促销活动持欢迎和支持的态度。然而，中间商也有自己的独立利益，他们的市场行为和对促销活动的需求，往往是基于自身利益来考虑的，这可能与企业的全局利益和长期利益不完全一致。在策划中间商促销活动的时候，企业应理解中间商的偏好与期待，要注意企业需求和中间商需求之间的平衡，综合协调，以使促销活动能够得到彻底和有效的执行。以下是一些较为典型的中间商促销活动偏好。

（一）偏好全面促销，而非单品促销

全线产品的促销远比单品、单线促销能给中间商带来更大的销售和利益，因此，从利益角度出发，中间商更希望企业能对全线产品进行全面促销。

（二）偏好经常促销，而非偶尔促销

对于传统渠道商而言，中间商和企业的利益结合得不是那么紧密，他们既不是产品品牌的拥有者，也不一定是企业的长期合作者，因此，往往不愿意做长线的投入，而是更加偏好短期快速见效的促销方式。而当遇到销售下滑等问题时，中间商更希望企业经常性地开展促销活动来带动销售，而不是通过品牌建设、增强产品销售力等长期努力来提高产品的销售量和市场占有量。

（三）偏好物质刺激，而非精神奖励

在中国的传统商业文化中，立竿见影的效果被高度重视。在这种文化背景下，中间商在面对促销活动时，往往更倾向于那些能够直接带来实际效益的方式。他们不太倾向于那些看似虚无缥缈且缺乏直接物质回报的促销手段。特别是在合作初期，基于对未来发展的不确定性，中间商尤为喜欢包括打折、让利、返利、补贴等在内能够带来实实在在物质利益的促销方式，而对于一些看不到直接物质利益的精神奖励则不是很感兴趣。随着合作关系的深入和稳定，中间商会逐渐认识到精神奖励在长期合作中的价值，也会开始重视精神奖励。

（四）偏好区域促销，而非整体促销

中间商的业务范围通常具有地域性特征，这使得他们在考虑市场问题时往往受到区域局限性的影响。对于企业的促销活动，中间商更倾向于关注自身所在区域的特殊需求和情况，而不是从企业整体市场的视角出发。因此，中间商往往对企业的整体市场促销活动理解度有偏差，执行意愿不高，且存在有选择性执行的情况。

为了提高促销活动的有效性,企业在设计促销策略时,需要考虑到中间商的这种区域性视角和需求。通过与中间商的沟通和协调,企业可以更好地理解他们的需求,制定出既符合企业整体市场战略,又能满足中间商区域市场特殊性的促销活动。同时,企业也应提供适当的支持和指导,帮助中间商理解促销活动的整体目标和意义,提高他们的执行意愿和效果。

(五)重视销售绩效,忽视品牌成长

中间商在评估促销活动方案及其成效时,往往更关注销售绩效而非品牌的长期成长。由于中间商并非品牌的拥有者,他们可能不太愿意在品牌建设方面投入过多资源。企业在与中间商合作设计促销活动时,应充分理解中间商的这一立场,并在确保促销活动能够带来即时销售增长的同时,也引导中间商认识到品牌长期成长的重要性。通过平衡短期销售目标和长期品牌发展,企业可以与中间商建立更稳固的合作关系,实现双方的共赢。

(六)重视竞品促销,偏好跟风模仿

当竞争对手开展促销活动,尤其是这些活动取得了良好效果时,中间商可能会感受到较大的营销压力。为了转移这种压力,中间商可能会采取以下策略。

一是要求促销政策。中间商可能会以竞争对手的促销活动为由,向企业要求获得相应的促销政策和支持。

二是争取同等促销力度。他们可能会要求企业实施与竞争对手相同形式和力度的促销活动,而不考虑这些活动是否真正适合企业当前的市场营销策略。

三是规避经营责任。如果未来区域市场出现问题,中间商可能会将原因归咎于企业促销力度不足,而非自己的经营策略或执行问题。

企业在面对这种情况时,需要审慎考虑中间商的要求,并与中间商进行充分沟通,确保促销活动既能够满足市场的需求,又符合企业的长期营销战略。同时,企业也应帮助中间商理解促销活动应与整体市场策略相协调,以实现可持续的市场发展和双方的共赢。

他山之石

"康××香辣牛肉面"N市上市中间商促销活动

一、上市背景

(1)×面馆系列袋面在N市月均销售六千多箱,老坛酸菜面已经在半年多前抢先上市,目前月均销量三千箱。该产品占据了方便面学生消费第一品牌和卖场单口味销量第一的高点;在校园店口味铺货率100%,零售店总体铺货率80%以上。

（2）康××袋面在N市月均销量两万箱，目前有7种口味，继现有的红烧牛肉和酸菜系列以后，公司希望推出新品"康××香辣牛肉面"。

（3）9月是全年方便面销售的传统旺季，也是零售行业的传统旺季。

二、SWOT分析

（一）优势

渠道网络密集；品牌市场地位高；市场人力资源充沛；有强力的广告支持。

（二）劣势

产能不足，或会影响营销活动的顺利进行。

（三）机会

在传统方便面销售旺季上市新品，可以借到市场旺销的东风。

（四）威胁

市场对品牌有一定忠诚度；市场旺销时间缩短。

三、促销目的

（1）将新品"康××香辣牛肉面"全面铺向热销渠道，占领更多的货架面积，为终端促销和销售奠定基础。

（2）市级批发商、重点零售商铺货率达100％。

四、促销对象

（1）市级批发商。

（2）热销零售终端。

五、促销活动

（一）批发市场推介会/批发商陈列有奖

推介会其实是在批发市场内的一次大型的产品介绍和订货会，目的是通过这种形式树立批发商信心，提高品牌知名度，利用批发商的从众心理达到压货的目的。

活动主要分三部分：①产品试吃；②促销员进行零售价的买赠销售；③业务员向批发商订货。

活动当天在N市最大的批发市场中心位置找了大约十平方米的场地，向经销商借了三百多箱面围成一圈，再加上专门为活动制作的背景布支撑和满街贴出去的POP，整个现场造势非常理想。促销员把煮好的面条用一次性餐具分装好后盖上保鲜膜送到批发商手里，包括批发商小工每人一碗。很多批发商都说"卖了十多年的方便面还没有认真吃过一回"。

由于"康××香辣牛肉面"买赠的投入大，加上批发市场人流量大，一上午零售就卖掉一百多箱，加上一些到批发市场来进货的零售店老板进货，到中午的时候已经卖掉接近三百箱。如此旺销的场景极大地吸引了批发商,当业务员下午再去订货时,结果可想而知。当天批发市场订货两千多箱,促销任务圆满完成。

订货的同时,"康××香辣牛肉面"选择了在N市位置相对较好的约70%的批发商进行堆箱陈列奖励:在铺面门外落地堆箱酸菜牛肉面30箱,按检查要求合格后月度奖励酸菜袋面3箱。通过提供额外的奖励,增加了批发商的利润空间,从而激发了他们的参与热情。同时,批发商需要管理由于促销活动而可能增加的库存,这促使他们更加积极地配合企业的促销策略。

(二)校园店抢仓——"全品项15箱送1箱康××袋面"

校园店抢仓——学生作为方便面的重度消费者和极具潜力的消费群体,历来为各家企业所重视。校园零售店是服务于学生消费群体的相对封闭的渠道,是企业必争之地。为防止竞争对手在校园渠道抢量,"康××香辣牛肉面"从8月中旬就开始执行"全品项15箱送1箱康××袋面"的组合抢仓计划。在实际执行中为保障新品推广期校园渠道的配合,企业将原先预定的"按校园店月销量抢仓"提高到"按校园店月销量2倍抢仓";并且考虑到校园店仓储能力有限,企业又允许客户先付全款后分两次收货:付款当日收货数量不低于订货数量的60%,其余部分在9月15日前收货。截至9月1日,业务人员收回订单17000多箱,达到了预定目标。本次活动通过提高抢仓量和允许暂时寄库的方式,既抢到了客户的资金,又抢到了客户的库房,为新品的顺利推广做好了铺垫。

(三)AB级零售店带货铺货

N市区总共有八百多家零售店,其中按销量和进货频率来划分,可以把前三十多家称为A级店,中间五百家称为B级店,其余的是C级店。作为方便面头部品牌,康××能够完成所有A、B级五百多家店的转单和配送,而这些店占据了零售店90%以上的销量。

在零售总攻开始之前,康××将N市包括郊县的业务代表集中到市区,针对零售终端实施密集铺货行动。分工完成以后企业找经销商借了4辆三轮车装上香辣牛肉面开始带货铺货。在铺货的同时要求业务代表必须在零售店做拆箱上货的动作,且陈列排面要大于竞品。

截至活动结束,"康××香辣牛肉面"在N市的A、B级店的铺货率已经达到90%以上。

六、促销效果

(略)

(根据网络资料编辑整理)

任务实施

·明确工作任务

根据前述任务背景和知识链接，为"柳新"螺蛳粉月饼上市设计一个针对中间商的促销活动方案。

·实施步骤

一、制定工作计划

小组成员一起，根据促销活动策划任务的工作内容与要求，以及完成时间，制定一份自己小组的工作计划，并填写表2-8。

表2-8　促销活动策划工作计划

策划小组：　　　　　　　　　　　　　　　　制定时间：　　年　月　日

序号	工作内容	工作方法	负责人	完成时间	完成标准	备注

二、依据工作目标，分步骤实施工作计划

步骤一，分析促销背景，收集促销活动策划所需的信息。小组成员查阅资料并讨论，拟定收集促销信息的种类、对象、收集方法、分工，收集信息的标准、时间要求、注意事项等，分析新品上市面临的最主要的市场和营销问题，特别是渠道开发和推广方面的问题，形成一份调研报告。

步骤二，策划小组成员一起，采用头脑风暴法，集思广益，形成促销活动策划方案。方案应包括促销目标、促销对象、促销主题、促销方式、促销时间地点、促销持续时间、费用预算、活动预案等内容。策划方案以书面形式完成。

步骤三，以小组为单位，展示、汇报促销活动策划方案。

任务评价

一、任务完成评价

任务完成情况评价满分为100分。其中,作品文案为85分,提案(展示陈述)为15分。企业评价占比为40%,教师评价占比为40%,学生互评占比为20%,填写表2-9。

表2-9 任务完成评价表

	评价指标	分值	企业评价	教师评价	学生互评	得分
作品文案	促销背景分析的全面性与准确性	10分				
	促销目标明确、清晰	15分				
	促销对象、产品明确	10分				
	促销方式的创意性	30分				
	促销方案内容的完整性	10分				
	方案设计的合理性、合法性	10分				
提案	PPT设计	5分				
	语言表达	5分				
	形象	3分				
	团队配合	2分				

二、个人表现评价

对个人在完成工作任务过程中的表现进行评价,侧重点在个人素质方面。按优秀(5分)、良好(4分)、一般(3分)、合格(2分)、不合格(1分)五个等级进行评价。个人表现评价分为学生自评与小组成员互评,填写表2-10。

表2-10 个人表现评价表

	素质点评价	得分
学生自评	团队合作精神和协作能力:能与小组成员合作完成项目	
	交流沟通能力:能良好表达自己的观点,善于倾听他人的观点	
	信息素养和学习能力:善于收集并借鉴有用资讯和好的思路想法	

续表

素质点评价		得分
学生自评	独立思考和创新能力：能提出新的想法、建议和策略	
小组成员互评1	团队合作精神和协作能力：能与小组成员合作完成项目	
	交流沟通能力：能良好表达自己的观点，善于倾听他人的观点	
	信息素养和学习能力：善于收集并借鉴有用资讯和好的思路想法	
	独立思考和创新能力：能提出新的想法、建议和策略	
小组成员互评2	团队合作精神和协作能力：能与小组成员合作完成项目	
	交流沟通能力：能良好表达自己的观点，善于倾听他人的观点	
	信息素养和学习能力：善于收集并借鉴有用资讯和好的思路想法	
	独立思考和创新能力：能提出新的想法、建议和策略	
小组成员互评3	团队合作精神和协作能力：能与小组成员合作完成项目	
	交流沟通能力：能良好表达自己的观点，善于倾听他人的观点	
	信息素养和学习能力：善于收集并借鉴有用资讯和好的思路想法	
	独立思考和创新能力：能提出新的想法、建议和策略	
小组成员互评4	团队合作精神和协作能力：能与小组成员合作完成项目	
	交流沟通能力：能良好表达自己的观点，善于倾听他人的观点	
	信息素养和学习能力：善于收集并借鉴有用资讯和好的思路想法	
	独立思考和创新能力：能提出新的想法、建议和策略	
小组成员互评5	团队合作精神和协作能力：能与小组成员合作完成项目	
	交流沟通能力：能良好表达自己的观点，善于倾听他人的观点	
	信息素养和学习能力：善于收集并借鉴有用资讯和好的思路想法	
	独立思考和创新能力：能提出新的想法、建议和策略	

任 务 小 结

团队针对中间商促销方案的设计，需要复盘推广目的、推广政策和推广效果，评估方案是否达到预期；总结方案有哪些亮点，存在哪些不足，并针对不足，提出改进措施。

知 识 训 练

1. 针对中间商促销的目的主要有哪些？

扫码答题

理论知识练习

2. 针对终端消费者促销的主要形式有哪些?

3. 中间商的促销偏好主要有哪些?

技 能 训 练

　　根据企业专家和专业老师的评价结果与建议,以小组为单位,改进优化促销活动方案,并写出学习工作总结。

实战训练任务7
企业内部销售促销活动策划

任务分析

　　企业内部的促销活动通常针对业务员、导购员等直接参与产品销售的内部销售人员。即便在数字化营销盛行的当下，销售人员仍然不可被替代。他们是产品从生产到顾客手中的关键推动者，尤其在销售的最后一环，直接影响顾客的购买决策，是实现产品价值的关键环节。

　　销售人员通过与顾客的直接沟通，能更有效地了解顾客的偏好，并与顾客建立良好的情感联系。他们不仅传递产品信息给顾客，还会收集顾客对产品及服务的反馈，实现信息的双向交流。

　　对内部销售人员进行激励，对于提升产品销售至关重要，它是促销活动的重要组成部分。多数情况下，对销售人员的激励措施已融入企业绩效管理系统，以便企业实施长期有效的管理。在特定时期，为了提升销量或推广特定产品，企业可以增加对销售团队的激励，制定特定时段的促销方案。在策划这些促销活动时，需确保与企业的整体绩效管理要求保持一致。

　　企业内部促销活动策划工作需要注意以下七个要点。

一、分析促销背景

　　侧重分析企业销售任务及完成情况、主要存在的销售问题、销售人员状况、以往的促销方式及效果等。

二、明确促销目标

　　针对销售人员的促销目标主要有：鼓励销售新产品；刺激反季节销售；鼓励更高的销售水平；鼓励开发新的顾客；鼓励销售过季产品和积压产品等。

三、确定促销对象

　　确定促销活动将覆盖哪些特定的市场区域，是针对所有区域还是只针对选定的部分地区。明确活动是面向所有销售人员,还是只针对特定的销售团队。区分活动是否包括业务员或导购员,还是两者都包括,以便更精准地实施促销策略。

四、选择促销方式

选择最有利于实现促销目标的方式是制定促销策略时的关键考量。在确保促销活动既能满足销售人员的偏好,又能符合企业经营目标和利益的同时,要注重促销方式的创新,以提高促销活动的效率。

五、确定促销活动的时机和时限

确定促销活动的时机和时限是策划过程中的重要环节。这两个因素应基于促销活动的目标和具体实施方式来决定。

六、撰写书面促销活动方案

除确定好上述内容外,还要撰写书面的促销活动方案,设计好促销活动执行方案和细则。

七、反馈并调整促销活动方案

及时反馈实施效果,并对促销活动方案做出灵活的调整。

知识链接

一、针对内部销售人员的促销方式

(一)销售竞赛

销售竞赛,即在一定时期内,在销售小组和销售人员之间开展形式多样的竞赛活动,对获胜者给予奖励。销售竞赛是企业用来激励销售团队和销售人员的常见方式。

开展销售人员之间的销售竞赛为优秀的销售人员提供了获得认可和奖赏的机会,为其他销售人员树立了榜样,同时还有利于提高销售队伍的士气,激发销售人员的工作热情。为了获胜,销售人员往往会主动学习销售知识,改善自身销售方法,提高销售技术,以点带面,最终提高销售队伍的整体素质。

开展销售小组之间的销售竞赛则可以促进团队协作,增进参赛成员的组织归属感,提高团队战斗力和凝聚力,促使小组成员精诚团结、齐心协力地完成销售目标。

竞赛项目可以是销售总额、特定产品销售额、销售增长率、销售目标达成率、新客户开发数量、客户拜访次数、货款回收率、销售毛利率、销售费用率、退货率,以及销售技术、客户服务等。

在设计奖励时,要注重将物质奖励与精神奖励相结合,满足销售人员对物质回报和名誉认可的双重需求。如果只有精神奖励而无物质奖励则往往对销售人员没有吸引力;只有物质奖励而无精神奖励则不利于培养销售人员的敬业精神。

在策划销售竞赛时,关键在于细致地安排和设计竞赛的各个要素,以确保活动的有效性和激励性,这包括竞赛时机、竞赛期限、竞赛项目、竞赛规则、奖励方式、奖励标准等。通过这些细致的策划,销售竞赛能够最大限度地调动销售人员的积极性,促进销售业绩的全面提升。

（二）销售提成

销售提成是一种激励措施,它根据销售人员完成的业务量或销售额的一定比例来发放奖金。这种制度在我国企业的销售体系中得到了广泛应用,能够有效地激发销售人员的积极性,推动企业产品的销售。需要注意的是,不同行业和企业之间,销售提成制度存在显著差异。即使是同一企业在不同的发展阶段,由于营销策略、市场地位、销售任务目标和市场竞争环境的变化,销售提成制度也会相应调整。销售提成通常与销售团队的薪酬制度一起制定,是构成企业销售团队薪酬体系的重要组成部分。在特定促销需求下,如重点推广新品,企业可以在现有薪酬体系的基础上制定特别的促销提成方案,以促进新品的市场销售。例如上述案例,现阶段为了重点推广螺蛳粉月饼这个新品,就可以在原来的薪酬体系的基础上,制定一项特别的促销提成方案,以利于新品的入市销售。

销售提成的设计包括提成期限、提成方式、提成比例和提成条件等多个方面,需要综合考虑以确保激励效果。通过精心设计的销售提成制度,企业不仅能够激发销售人员的工作热情,还能够根据市场变化和企业战略灵活调整激励措施,从而实现销售目标,提升企业实力。

（三）特别推销金

特别推销金是企业为了激励销售人员积极推广产品而提供的一种奖励,可以是现金、礼品或企业自身产品。这种促销手段在生产企业与经销商销售人员（如导购员）的合作中尤为常见。

特别推销金对于生产企业来说,既有优点,也存在潜在问题。

首先是优点。一是可以促进销售。特别推销金能够鼓励经销企业人员积极推销生产厂商的产品,从而有助于产品销售。二是具有广告效果。向销售人员赠送企业产品,可以起到广告宣传的作用,同时具有展示促销的效果。三是增强合作关系。通过特别推销金的支付,可以加强生产企业与经销商之间的合作关系,进一步推动产品销售。

其次也要关注特别推销金的潜在问题。一是成本考量。如果特别推销金使用不当,可能会导致成本过高,效果不佳,甚至得不偿失。二是受内部规定限制。部分经销企业可能因内部规定而无法接受特别推销金,限制了这种方式的实施。三是存在法律与道德风险。特别推销金若处理不当,可能会涉及行贿受贿等违法行为,对社会风气造成不良影响。鉴于这些潜在问题,企业在采用特别推销金促销时需要谨慎行事,确保符合法律法规,并维护良好的商业道德标准。

(四)其他激励方式

除了直接的奖励机制,企业还可以通过提供培训和协助来激励销售人员。其中,培训是指企业对销售人员进行入职培训和继续培训,目的在于提高销售人员的综合素质,如增长知识、提高技能、强化态度和意识。具体培训方法可采用实地学习、案例分析、角色扮演、讲义教学、会议讨论等。协助是指企业向销售人员提供统一的职业服装、销售工具、产品样品或模型、销售手册等销售辅助材料。通过这些培训和协助措施,企业不仅能够提升销售人员的专业水平,还能够增强其对企业的归属感和忠诚度,从而在竞争激烈的市场中取得更好的销售业绩。

二、销售人员的内部促销活动偏好

(一)偏好期限较短的内部促销

内部促销活动的期限设置对销售人员的心态和动力有着显著影响。长期促销活动可能会让销售人员因为难以在短期内看到目标的实现和成果的激励而感到压力和畏惧,进而使其产生畏难和松懈的情绪。而期限较短的促销活动则能够让销售人员更快地看到销售目标的实现和获得激励,从而更容易激发他们的兴趣和积极性。

(二)偏好任务不重的内部促销

内部促销活动的目标设定对销售人员的激励和参与度有着重要影响。如果目标任务过于艰巨,即使激励措施极具吸引力,销售人员也可能感到力不从心,从而失去动力。相反,如果目标任务过于简单,销售人员可能觉得缺乏挑战,同样会影响他们的工作热情。因此,企业在设计内部促销活动时,应确保目标任务既具有挑战性,又在销售人员的努力范围内,以激发他们的工作积极性。对于那些容易完成的促销活动,企业通常在销售团队士气低落时作为短期激励措施使用。通过精心设计内部促销活动的目标任务,企业可以更有效地激励销售人员,提高他们的工作满意度,促进销售业绩的提升。

（三）偏好只奖不罚的内部促销

人们普遍追求利益并规避风险,期望获得稳定的收入,这种心理在销售人员中同样存在。在内部促销活动中,销售人员更倾向于正面激励多于负面激励,甚至希望只有奖励而没有惩罚。简单来说,他们更愿意以正面激励为主,避免负面激励、正面和负面激励合理平衡的内部促销活动。如果负面激励超过正面激励,且目标任务设置得过高以至于无法实现,销售人员可能会认为这是管理层故意为难他们,从而产生对立情绪。为了避免这种情况,销售管理者和决策者需要合理地设定目标,确保促销活动的目标任务是合理且可实现的。同时要平衡激励措施,确保正面激励与负面激励之间保持平衡。此外,企业要与销售人员进行有效的沟通,及时收集和回应他们的反馈,以维护积极的工作环境。通过这些措施,企业可以维护销售人员的积极性,促进内部促销活动的成功,有效预防不必要的矛盾和内部冲突。

（四）偏好系统支持的内部促销

在实施内部促销活动时,企业的业务员和导购员通常更倾向于同时进行配套的外部促销活动。这包括针对中间商的渠道促销和针对消费者的终端促销,而不仅仅是针对他们自身的内部促销。这是因为,外部促销活动能够为内部促销任务提供更加系统和全面的支持。除配套开展外部促销活动外,业务员和导购员还希望企业同时配套投放广告,以拉动市场需求,支持其内部促销任务的完成。

通过综合考虑销售人员的促销偏好和企业的整体营销策略,企业可以更有效地设计和实施内部促销活动,从而提高销售业绩并实现双方的共赢。

他山之石

某公司2024年销售人员激励方案

一、目的

激励销售人员更好地完成销售任务,提高销售业绩,提升本公司产品在市场上的占有率。

二、适用范围

销售部所有销售人员。

三、方式

销售提成。

四、销售人员提成方案遵循的原则

（一）公平原则

所有销售人员在业务提成上一律平等一致。

（二）激励原则

销售激励与利润激励双重激励，秉持利润与销售并重原则。

（三）清晰原则

销售人员、销售部部长分别以自己的职位享受底薪。部长对本部门的整个业绩负责，对所有客户负责。

（四）可操作性原则

数据的获取和计算易于操作。

五、销售价格管理

（一）定价管理

公司产品价格由集团统一制定。

（二）调整机制

公司产品根据市场情况执行价格调整机制。

（三）指导价格

产品销售价格不得低于公司的指导价格。

六、具体内容

（一）销售人员收入基本构成

销售人员薪资结构分为底薪、销售提成两个部分（福利待遇根据公司福利计划另外发放）。

（二）底薪

底薪按公司薪酬制度执行。

七、提成计算依据

（一）回款率

要求达到100%，方可提成。

（二）销售量

按产品划分，根据公司下达基数计算。

（三）价格

执行公司定价销售，为了追求公司利益最大化，销售价格超出公司定价可按一定比例提成。

八、销售费用

销售费用按销售额的0.5‰计提，超出部分公司不予报销。

九、提成方式

按照每个销售人员及其销售业绩分别计提。

十、提成发放规则

客户回款率需达到100％，即予提成兑现。公司每月发放80％的提成奖金，剩余20％的提成奖金于年底一次性予以发放。如员工中途离职，每月20％的提成奖金公司将扣除不予发放。如员工三个月内没有销售业绩，公司将根据岗位需求进行调岗或辞退。

十一、提成奖金发放审批流程

按工资发放流程和财务相关规定执行。

十二、提成标准

（一）销售量提成

主产品：铁路发运基数为X吨/月。发运量在X吨以内，不予提成；发运量在Y吨以上，超出部分按0.5元/吨提成；发运量在Z吨以上，超出部分按1.0元/吨提成。（$X<Y<Z$）

副产品：地销副产品基数为A吨/月。销售量在A吨/月以内，不予提成；销售量超过A吨/月的，超出部分按照1.0元/吨提成。

（二）价格提成

销售价格高出公司价格开始提成，提成按高出部分的10％计提。

十三、特别规定

本实施细则自生效之日起，有关提成方式、系数等规定不作有损于销售人员利益的修改，其他规定经公司授权部门进行修订。

公司可根据市场行情变化和公司战略调整，制定有别于本提成制的、新的销售人员工资支付制度。

（资料来源：徐惠坚.促销管理实务[M].北京：科学出版社，2017.部分文字根据实际情况略有改动）

任务实施

·明确工作任务

任务背景如前。请查阅相关资料，为支持"柳新"螺蛳粉月饼新品上市设计一场针对企业内部销售人员的促销活动。

·实施步骤

一、制定工作计划

小组成员一起，根据促销活动策划任务的工作内容与要求，以及完成时间，制定一份自己小组的工作计划，并填写表2-11。

表2-11 促销活动策划工作计划

策划小组： 制定时间： 年 月 日

序号	工作内容	工作方法	负责人	完成时间	完成标准	备注

二、依据工作目标，分步骤实施工作计划

步骤一，分析促销背景，收集促销活动策划所需的信息。小组成员查阅资料并讨论，拟收集促销信息的种类、对象、收集方法、分工，收集信息的标准、时间要求、注意事项等，分析新品上市面临的最主要的市场和营销问题，特别是企业内部市场开发和人员销售方面存在的问题，形成一份背景分析简报。

步骤二，策划小组成员一起，采用头脑风暴法，集思广益，形成促销活动策划方案。方案应包括促销背景分析、促销目标、促销对象、促销方式、促销时限等内容。策划方案以书面形式完成。

步骤三，以小组为单位，展示、汇报促销活动策划方案。

任务评价

一、任务完成评价

任务完成情况评价满分为100分。其中，作品文案为85分，提案（展示陈述）为15分。企业评价占比为40%，教师评价占比为40%，学生互评占比为20%，填写表2-12。

表2-12 任务完成评价表

评价指标		分值	企业评价	教师评价	学生互评	得分
作品文案	促销背景分析的全面性与准确性	10分				
	促销目标清晰、明确	15分				

续表

评价指标		分值	企业评价	教师评价	学生互评	得分
作品文案	促销形式的创意性	30分				
	促销活动时限明确	10分				
	促销活动方案内容的完整性	10分				
	方案设计的合理性、合法性	10分				
提案	PPT设计	5分				
	语言表达	5分				
	形象	3分				
	团队配合	2分				

二、个人表现评价

对个人在完成工作任务过程的表现进行评价,侧重点在个人素质方面。按优秀(5分)、良好为(4分)、一般(3分)、合格(2分)、不合格(1分)五个等级进行评价。个人表现评价分为学生自评与小组成员互评,填写表2-13。

表2-13 个人表现评价表

素质点评价		得分
学生自评	团队合作精神和协作能力:能与小组成员合作完成项目	
	交流沟通能力:能良好表达自己的观点,善于倾听他人的观点	
	信息素养和学习能力:善于收集并借鉴有用资讯和好的思路想法	
	独立思考和创新能力:能提出新的想法、建议和策略	
小组成员互评1	团队合作精神和协作能力:能与小组成员合作完成项目	
	交流沟通能力:能良好表达自己的观点,善于倾听他人的观点	
	信息素养和学习能力:善于收集并借鉴有用资讯和好的思路想法	
	独立思考和创新能力:能提出新的想法、建议和策略	
小组成员互评2	团队合作精神和协作能力:能与小组成员合作完成项目	
	交流沟通能力:能良好表达自己的观点,善于倾听他人的观点	
	信息素养和学习能力:善于收集并借鉴有用资讯和好的思路想法	
	独立思考和创新能力:能提出新的想法、建议和策略	
小组成员互评3	团队合作精神和协作能力:能与小组成员合作完成项目	
	交流沟通能力:能良好表达自己的观点,善于倾听他人的观点	

续表

	素质点评价	得分
小组成员 互评3	信息素养和学习能力:善于收集并借鉴有用资讯和好的思路想法	
	独立思考和创新能力:能提出新的想法、建议和策略	
小组成员 互评4	团队合作精神和协作能力:能与小组成员合作完成项目	
	交流沟通能力:能良好表达自己的观点,善于倾听他人的观点	
	信息素养和学习能力:善于收集并借鉴有用资讯和好的思路想法	
	独立思考和创新能力:能提出新的想法、建议和策略	
小组成员 互评5	团队合作精神和协作能力:能与小组成员合作完成项目	
	交流沟通能力:能良好表达自己的观点,善于倾听他人的观点	
	信息素养和学习能力:善于收集并借鉴有用资讯和好的思路想法	
	独立思考和创新能力:能提出新的想法、建议和策略	

任 务 小 结

以小组为单位,分析本小组在促销活动方案策划工作过程中做得好的地方,以及存在的问题与不足,并提出改进方法。同时思考:

(1)本策划案有哪些亮点?存在哪些不足?如何改进?

(2)在完成本项目学习过程中,你学会了哪些分析和解决问题的方法?

(3)在完成本项目学习过程中,你认为自己还有哪些地方需要改进?

知 识 训 练

1.企业内部促销的目的主要有哪些?

2.针对销售人员促销的主要方式有哪些?

3.销售人员的内部促销活动偏好有哪些?

技 能 训 练

根据企业专家和专业老师的评价结果与建议,以小组为单位,改进优化促销活动方案。并写出学习工作总结。

扫码答题

理论知识练习

131

工作项目三
促销公共关系策划

项目目标

◉ 知识目标

1. 能掌握公共关系策划的基本形式和策划公共关系活动。
2. 能掌握公共关系危机处理的基本概念。

◉ 能力目标

1. 掌握开展赞助活动的技巧。
2. 掌握不同情形公共关系危机处理的方式。
3. 能根据企业需求制定促销公共关系活动目标。
4. 能根据不同的促销公共关系活动撰写公共关系活动策划书。
5. 能展示说明促销公共关系活动策划方案。

◉ 素养目标

1. 具有团队合作能力、沟通能力、创新能力。
2. 具备工作主动性,责任感及法律意识、服务意识。

项目准备

◉ 情景导入

为了提高公众认知度,提升品牌影响力,"柳新"螺蛳粉企业有意策划一次日常公共关系活动。如果你是这家公司的公共关系经理,公司要求你制定一份促进公共关系活动的策划书,那么你应该如何完成这个任务呢?

另外,在日常市场活动进程中,往往会遭遇公众舆情危机的发生,这些危机若处理不当,将对企业形象造成负面影响。在面对危机发生时,你将如何制定一份危机公共关系策划书呢?

项目描述

公共关系(Public Relation),是指企业为改善与社会公众的关系,促进公众对组织的认识,理解及支持,达到树立良好的组织形象、促进商品销售的目的而采取的一系列公共活动。

在日常的公共关系维护中,企业致力于与公众建立和保持良好的关系。通过精心策划和有效的公共关系宣传,企业能够实现可持续的发展和突破性的业务扩张。因此,在企业运营中,运用促销公共关系手段对于塑造品牌的内涵形象和外延形象至关重要。在应急公共关系处理中,企业必须采取有效的危机管理措施,对可能损害品牌形象的负面信息进行及时和妥善的处理。

总的来说,促销公共关系策划一般按照分析促销公共关系背景、建立促销公共关系目标、开展促销公共关系调查、制定促销公共关系策划方案、实施促销公共关系活动、评估公共关系效果六个步骤来完成,如图3-1所示。

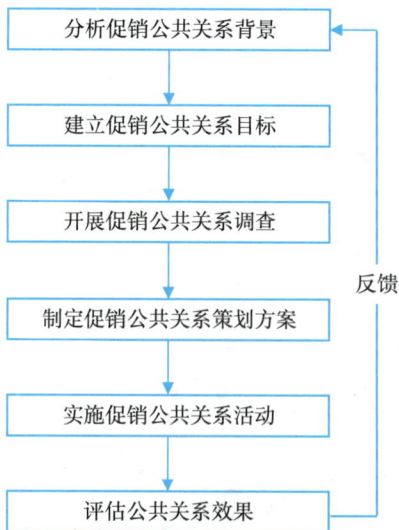

分析促销公共关系背景

↓

建立促销公共关系目标

↓

开展促销公共关系调查

↓   反馈

制定促销公共关系策划方案

↓

实施促销公共关系活动

↓

评估公共关系效果

图3-1　促销公共关系活动策划的实施步骤

在企业的日常运营中,促销公共关系维护通常被划分为两个主要部分:日常促销公共关系维护和危机促销公共关系处理。

日常促销公共关系维护:企业通过与公众建立和维护良好的关系,利用公共关系策划和宣传活动,促进品牌的持续发展和实现战略性扩张。在这一过程中,企业需要运用促销公共关系的手段,来塑造品牌的内在价值和文化形象,同时构建品牌的外在形象和市场影响力。

危机促销公共关系处理:在面对突发事件或危机时,企业必须迅速采取危机管理措施,有效地应对可能损害品牌形象的负面信息。这包括及时的沟通、透明的信息披露和积极的补救措施,以保护和恢复品牌的声誉。本工作项目将针对日常促销公共关系活动策划和危机促销公共关系处理方案策划两个任务展开介绍。

思维导图

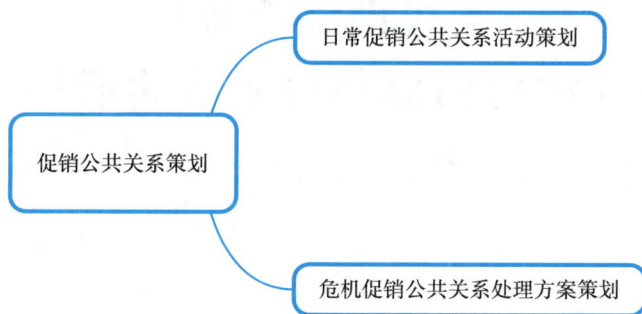

项目成果

1. "柳新"螺蛳粉日常公共关系活动策划书。
2. "柳新"螺蛳粉危机公共关系处理策划书。

实战训练任务8
日常促销公共关系活动策划

任务分析

　　企业公共关系起到协调公众关系、塑造企业良好形象的作用,其服务于企业开拓市场这一经营目标。而将公共关系与促销活动结合起来,并使之服务于促销,能够更好地在促销活动中展现出企业的价值。因此,在日常促销中公共关系活动的执行,主要包含分析促销公共关系背景、建立促销公共关系目标、开展促销公共关系调查、制定促销公共关系策划方案、实施促销公共关系活动、评估公共关系效果等六个部分。本任务主要就分析促销公共关系背景、制定促销公共关系策划方案、实施促销公共关系活动三个部分展开介绍。

一、分析促销公共关系背景

　　分析促销公共关系背景需要对企业的组织形象和消费者倾向进行详细的调查,二者将为促销公共关系活动的策划提供决策依据。

（一）组织形象调查

企业形象的调查通常涉及两个主要方面:自我期望形象和实际社会形象。

1.企业自我期望形象调查

这涉及对企业自身现状和基本条件的深入了解,包括企业领导层的目标和要求,以及员工的期望和评价。这种调研有助于企业明确自身的定位和发展方向,确保企业的战略规划与内部期望相一致。

2.企业实际社会形象调查

这包括收集和分析外部公众对企业形象的看法和评价,主要涵盖公众对企业的名称、标志、品牌、服务、组织结构设计、员工工作效率和素质等方面的评价。通过这种调查,企业能够了解自身在公众心目中的形象,并据此调整和优化其公共关系策略。

（二）消费者倾向调查

消费者倾向调查主要包括消费者的宣传媒体喜好、用户需求特征、消费者生活方式、公众媒体接触情况等方面的分析。

1. 宣传媒体喜好

分析消费者偏好哪些类型的媒体渠道来接收信息和广告，比如电视、网络、社交媒体、印刷媒体等。

2. 用户需求特征

研究消费者的具体需求和购买动机，以及这些需求如何影响他们的购买决策。

3. 消费者生活方式

了解消费者的日常生活习惯、兴趣爱好和价值观，这些都可能影响他们的品牌偏好和消费行为。

4. 公众媒体接触情况

评估消费者接触不同媒体的频率和时长，以及他们在不同媒体上的活跃程度。

二、制定促销公共关系策划方案

（一）进行目标策划

目标策划的内容包含时间目标和活动内容目标。

1. 时间目标

这涉及为活动设定具体的时间框架，包括活动的开始和结束日期，以及任何关键里程碑或阶段的预期完成时间。明确的时间目标有助于确保活动按计划顺利进行。

2. 活动内容目标

这指的是活动的具体内容和预期成果，包括活动要传达的核心信息、参与的活动类型，以及如何吸引和满足目标受众。活动内容目标确保活动内容与整体目标和品牌战略保持一致。

（二）制定定位策略

定位策略制定的内容包括公众对象定位、宣传信息定位等两个方面。

1. 公众对象定位

这一策略涉及识别和确定目标受众群体，理解他们的需求、偏好和行为模式。

明确公众对象的定位有助于制定更加精准和有效的沟通策略,确保信息能够触达目标人群。

2.宣传信息定位

这涉及确定宣传的核心信息和主题,以及如何将这些信息以最吸引人和最具影响力的方式传达给目标受众。宣传信息定位需要考虑信息的清晰度、相关性和说服力,以确保信息能够有效地与受众产生共鸣并激发他们的参与积极性。

（三）确立活动主题

确定公共关系活动的关键在于制定一个明确且吸引人的活动主题。这个过程涉及以下几个步骤。

1.确定反映活动目的和内容的主题

确保主题反映活动目的和内容,使其与企业的品牌形象和市场定位相一致。

2.明确活动核心方向

界定活动的主要目标和预期成果,这将指导整个活动的策划和执行。

3.确立主题构思

围绕活动主题,设计一套完整的构思,包括活动的形式、内容和创意表现。

4.明确公共关系活动的中心思想

确立活动想要传达的核心信息和价值观,这将成为所有公共关系传播的基础。

5.设定主题基调

设定活动的基调,比如正式、轻松、教育性或娱乐性,确保活动的氛围与主题相匹配。

6.明确核心内容

明确活动的核心内容,包括关键信息、主要活动和特色亮点,这些都是吸引目标受众的关键要素。

（四）创作宣传文案

进行宣传文案创作,拟定表现公共关系意境的宣传标题、标语、口号、正文等。

（五）设计公共关系活动方式

从公共关系活动的基本类型（如新闻、赞助、慈善活动、社区关系、事件等）中选择和设计的活动方式。

（六）撰写促销公共关系策划书

完成促销公共关系策划书的撰写,主要包含前言、市场状况分析、目标体系、创意说明、公共关系战略、公共关系策略、媒体策略,以及促销公共关系活动评估等内容。

三、实施促销公共关系活动

促销公共关系策划书通常会详细规划活动前、活动中和活动后的关键流程。按照这一策划书实施,有助于支撑促销公共关系活动的顺利进行和成功完成。

1. 活动前

在活动开始之前,需要完成准备工作,包括确定活动目标、策划活动主题、设计活动方案、准备所需物资和资源、进行宣传推广以及对参与人员进行培训。

2. 活动中

在活动进行期间,要确保所有环节按照计划执行,包括活动的现场管理、与参与者的互动、信息的实时传播,以及对任何突发事件的快速响应和处理。

3. 活动后

活动结束后,进行总结评估,包括收集反馈、分析活动效果、总结经验教训、维护与参与者的关系以及进行后续的宣传报道。

知识链接

一、策划公共关系的5W模式

拉斯韦尔是一位著名的政治学家和传播学者,他在传播学领域的贡献之一是提出了一个著名的传播行为模式,即"5W模式"。这个模式认为,任何传播行为都应该回答以下五个基本问题。

谁(Who):信息的发送者或传播者,可以是个人、群体或组织。

说了什么(Says What):涉及信息的内容,包括信息本身、传递的观点、情感或意图。

通过什么渠道(In Which Channel):信息传递所使用的媒介或工具,如语言、文字、广播、电视、互联网等。

对谁(To Whom):信息的接收者,也就是目标受众,他们可能是特定的个体、群体或广泛的公众。

取得了什么效果(With What Effect):信息传播后产生的影响或结果,包括受众的反应、行为的改变或态度的调整。

据此,他把传播学的研究内容分为五个方面,即控制分析、内容分析、媒体分析、对象分析和效果分析。在策划促销公共关系传播活动的时候，应该全面分析传播活动的要素，针对传播者与接收者的需要，选择合适的传播渠道和信息，以取得良好的传播效果。

二、公共关系宣传文案的写作方法

（一）公共关系宣传文案写作的三大原则

1. 关键词原则

企业可以根据具体的需求，选取与企业相关度较高的网络热门关键词，同时根据公共关系宣传文案内容本身挑选与之相匹配的关键词，并将二者进行有效组合。通过这种方式，相比于仅在标题中设置单一关键词，企业宣传文案在搜索引擎中的搜索结果会更精确，从而减少竞争，提高收录排名。这样，公共关系宣传文案有可能获得更高的曝光率和流量，从而增强宣传效果。

2. 精简性原则

在当今信息量巨大的媒体环境中，用户的注意力往往被众多信息源所分散。因此，采用简洁明了的语言来传达核心信息变得尤为重要。只有清晰、精确地表达关键点，才能有效吸引并保持用户的注意力。

3. 吸引力原则

创作有吸引力的文案，首要任务是吸引读者的注意力，并激发他们点击阅读的兴趣。为了实现这一目标，标题的撰写至关重要，它需要能够激发读者的好奇心并促使他们进一步探索内容。

（二）公共关系宣传文案标题的七种类型

1. 新闻式

新闻式标题指在标题中准确清楚地描述时间、地点、人物、事件等基本要素。相比向读者展示简单直接的销售广告标题，新闻式标题采取从第三者的角度报道的形式，会更容易被读者接受；读者从关注新闻资讯的角度去阅读，也更容易对文案内容建立较高的信任度。新闻式标题主要由以下要素组成："时间＋地点＋事件"或"人物＋时间（地点）＋事件"。

2. 干货式

干货盘点和经验分享类型的公共关系宣传文案因其实用性和教育性，往往能够自然吸引读者的关注。这类文案之所以受到读者的青睐，是因为它们提供了快速获取信息、技能的途径，帮助读者避免错误和弯路。在标题中使用数字概括，可以突出文章内容的实用性和可操作性，让读者感受到内容的价值。通过强调内容的实用性,读者会觉得这些信息是容易理解和应用的,从而增加了他们阅读和分享的意愿。有效的干货式标题通常由"数字＋品类/知识技巧＋好处"等要素构成,这样的结构清晰、直接,能够快速传达文章的核心价值。

3. 借力式

借力式标题是指将时下的热门事件和名人明星的热门话题植入公共关系宣传文案的标题中,充分发挥热点效应,有利于增大标题对读者的吸引力,让公共关系宣传文案在众多的信息中脱颖而出。借力式标题主要由以下要素组成:"热点事件/知名人物＋广告类别"。

4. 悬念式

悬念式标题是一种引人入胜的文案技巧,它通过在标题中留下悬念,激发读者的好奇心和求知欲。这种标题的目的是吸引读者点击并阅读全文。具体方法包括以下三种。

一是暗示关键内容。从正文中提取最吸引人的元素,通过标题进行暗示,但不完全透露信息。

二是描述事件不告知结果。在标题中描述事件的经过,但保留结果,激发读者的好奇心。

三是提出惊人结论。直接在标题中提出一个令人惊讶的结论,但不解释原因或过程,制造神秘感。

悬念式标题主要有两种表现形式。

一是反常或好奇型悬念标题。这种标题通过提出反常或引起好奇心的内容,再加上引出疑问的方式,吸引读者的注意。句式是"反常或好奇的内容＋引出疑问"。

二是恐惧型悬念标题。这种标题使用警惕性词语,结合具体的悬疑内容,制造紧迫感。句式是"警惕性词语＋具体悬疑的内容"。

5. 对比式

对比式标题是通过指出读者过往行为中的一些不合理的地方或是失败的经历,激发他们想要改变现状或不想重蹈覆辙的心理。对比式标题主要由以下要素组成:"过去失败经验＋现在应该如何避免"。

6. 提示式

人类对周围环境变化的敏感性是一种自然应激反应。因此,通过在标题中引入与读者日常生活密切相关的变化通知或提示,可以有效地吸引他们的注意力。提示式标题通过使用特定的词汇来提醒读者,促使他们采取行动。这些词汇可能包括"注意""开始""今天""新消息""新资讯"等。提示式标题主要有两种表现形式:一种是"目标群体＋提示性词语＋具体提示的内容";另一种是直接省略目标群体的描述,即"提示性词语＋具体提示的内容"。

7. 故事式

故事式的标题因其情感共鸣和引人入胜的叙述，往往对读者具有更强的吸引力。这类标题通过提取内容中最引人入胜的转折点或最富有情感色彩的故事细节，这类标题能够激发读者的好奇心，促使他们想要深入了解背后的故事。故事式标题主要有三种表现形式：第一种是成功型的故事标题，句式是"过去的辛酸＋现在的成功"；第二种是情怀型的故事标题，句式是"付出某种艰辛努力去做一件事"。第三种是将前两种句式结合的混合型的故事标题。

（三）公共关系宣传文案正文布局的两大模版

1. 演绎式

演绎式的正文布局指的是公共关系宣传文案通过严谨的逻辑铺排，引导消费者步步深入，让消费者跟随文中内容，循序渐进地得出作者想要告知消费者的推理结论。内容步步铺排、论证层层递进的演绎式正文布局，让消费者能更深入地了解产品，慢慢接受创作者想要传达给他们的品牌理念，从而说服消费者购买产品。

2. 体验式

体验式正文布局指的是以消费者或第三方的口吻，通过对消费者使用产品的过程体验进行描述，在给消费者提供真实客观的建议的同时植入推广产品的优点，进一步加深产品在消费者心中的印象，让消费者在不知不觉中接受产品，产生购买兴趣。主要的表现形式是：描述消费及使用产品的过程体验，客观地评论产品的优缺，在与同类产品比较中突出自身卖点并生成最终建议，达到产品促销、口碑引导等营销目的。

（四）公共关系宣传文案结局的四大类型

1. 首尾呼应式

这种结局方式通过在文案的结尾处呼应开头提到的内容或主题，形成一个完整的叙事循环，提升信息的一致性和影响力。

2. 篇尾升华式

通过在文案的结尾部分提升主题或情感，使得整个文案的意义得到升华，给读者留下深刻而持久的印象。

3. 巧妙发问式

在文案的结尾提出一个引人深思的问题，激发读者的好奇心和思考，从而增加文案的互动性和读者的参与感。

4. 神转折式

通过在文案的结尾部分引入一个出人意料的转折，打破读者的预期，创造惊喜和讨论点，使文案更加难忘。

三、促销公共关系活动费用

促销公共关系活动预算包括活动组织成本和激励成本两大类,具体项目分类和细分项目见表3-1。

表 3-1　促销公共关系活动预算统计表

制表人:_____　　部门/单位:_____　　日期:_____年____月___日

成本类别	项目分类	细分项目	规格/标准	单价	数量	费用小计	完成时间	备注
活动组织成本	市场调研	问卷调查						
		实地调查						
		资料整理						
		研究分析						
		专家研讨						
		其他						
	创意策划	研讨会务费						
		总体规划服务费						
		项目设计服务费						
		其他费用						
	宣传作品设计	印刷费						
		制作费						
		工程费						
		媒体租金						
	公共关系运作	劳务费						
		装饰物租金						
		礼品费						
		场地租金						
激励成本	嘉宾酬金	明星嘉宾						
		普通嘉宾						
合计								

四、促销公共关系策划书的主要内容

(一)前言

简要介绍策划书项目的由来,以及促销公共关系活动主题思想的社会背景等。

143

（二）市场状况与形象分析

公共关系调查分析的结论主要通过以下"三个比较"来形成"三点结论"。

1. 与市场特性比较

（1）优势点：分析公共关系宣传信息内容在市场中的独特优势，包括品牌定位、产品特性、服务优势等。

（2）问题点：识别与市场特性不符或需要改进的信息内容，如信息传递不清晰、市场定位不准确等。

（3）机会点：探索市场特性中未被充分利用的机会，如新兴市场趋势、潜在客户需求等。

2. 与竞争对手比较

（1）优势点：明确宣传信息内容在竞争中的优势，比如独特的卖点、更强的品牌影响力等。

（2）问题点：指出与竞争对手相比的不足之处，如宣传力度不够、差异化不明显等。

（3）机会点：发现竞争对手未覆盖的市场空间或可以借鉴的成功策略。

3. 与公众需求比较

（1）优势点：明确宣传信息内容以满足或超越公众的期望和需求。

（2）问题点：识别宣传信息内容未能满足公众需求的领域。

（3）机会点：洞察公众需求中潜在的增长点，以及如何通过宣传信息内容来满足这些需求。

（三）目标体系

概要性地介绍公共关系活动的目标设想，主要内容如下。

1. 总体目标

这些目标包含企业建立和维护的品牌形象，具体包括提高品牌知名度，塑造企业的社会责任感，以及增强公众对企业价值观的认同等。品牌忠诚度指标，即通过公共关系活动希望达到的客户忠诚和品牌拥护度。

2. 具体目标

明确通过特定的公共关系活动希望实现的具体成果，如提升产品销量、增加市场份额、改善客户服务体验等。设定可量化的指标，例如通过活动增加的社交媒体关注度、参与度、媒体报道数量等。确定活动结束后的评估标准，以便于衡量活动的成功程度和ROI（投资回报率）。

（四）创意说明

创意说明主要介绍促销公共关系活动的主题思想、宣传文案,涉及的内容主要如下。

1.指导思想

方案的指导思想又称行动指南,是指导促销公共关系策划的全部活动的实践体系,是活动设计、活动执行、活动主题、活动准则、活动内涵建设的理论基础。

2.活动主题

促销公共关系活动主题是整个促销公共关系策划书的总纲部分,它概括了促销公共关系策划项目的核心思想和方向。这一主题通常基于对目标人群和策划目标的深入理解而形成,并被作为整个公共关系活动的指导线索。

（五）策略介绍

1.定位策略

这部分主要涉及企业形象和品牌形象的定位建议,包括市场定位、品牌品质定位和观念定位等,以确保品牌形象与目标市场和消费者期望相匹配。

2.公共关系策略

根据确定的公共关系主题,介绍具体的公共关系类别和实施方法,以构建和维护与公众的良好关系。

3.表现策略

这部分主要介绍广告的主题表述和文案表述,包括平面广告文案、影视广告分镜头脚本等,以及广告媒介的表现方式和媒介规格。需要在方案中详细说明制作要求,包括宣传作品的设计,如标语、饰物,以及用于营造现场主题气氛的装饰物。此外,还包括宣传作品的分镜头脚本、报纸杂志宣传作品的设计图、POP广告的设计图等。可在这部分中描述现场主题气氛的营造元素,如吉祥物、彩旗、现场色调、音乐和音响等。

（六）公共关系预算方案

（略）

（七）效果展望

（略）

五、促销公共关系活动类别

（一）新闻发布会

会前工作：确定发布会主题、选定主持人和发言人、邀请媒体记者、准备发言稿、选择合适的场地、安排时间、制定预算等。

会中工作：组织签到、分发资料、介绍会议内容、主持人和发言人讲话、回答记者提问、安排参观和宴请等。

会后工作：整理会议记录、确保记者收到新闻稿、收集媒体报道、获取活动反馈等。

（二）赞助活动

企业通过提供物质和资金支持，增强品牌信誉。赞助活动类型包括体育赛事、教育项目、社会福利、公益项目、学术科技活动和文化生活。

（三）慈善活动

企业通过参与公益活动实现社会价值和提升品牌信誉。活动形式包括爱心探访、援助困难群体、公益徒步、知识普及、募捐、福利慈善、公益广告、公益营销、公益创业支持和公益赛事等。

（四）社区关系

企业通过参与社区建设、活动、美化和绿化等，优化在特定用户群体中的形象。

（五）事件营销

企业通过策划有新闻价值和社会影响力的事件，吸引公众注意力，提升品牌知名度和形象，促进产品或服务销售。

通过这些促销公共关系活动，企业能够与公众建立积极的互动，增强品牌形象，并在市场中获得竞争优势。

他山之石

"芬×"公共关系活动策划书

一、前言

新年将至，芬×公司为了在当地社区心中建立良好的公众形象，以元旦为主题，使用"庆典活动策划"的公共关系手段来进行吸引公众，开展传播，扩大组织影响力，提高组织知名度。

二、市场状况与形象分析

芬×汽水是20世纪40年代在欧洲开始风行的饮料,1后被××公司所并购。芬×橘子汽水是其核心口味,占有70％的销售量,其他的水果口味也有众多爱好者。明亮的包装色彩、鲜明的水果口味、富含气泡等特色是芬×汽水广受年轻一代欢迎的原因。新的品牌形象在字体设计上外形更加柔和充满动感,图案上突出表现芬×汽水为软性碳酸饮料,富有欢乐、幽默、爱玩的个性。在品牌要素的视觉传达上,通过超炫的插画、图形、色彩,配合在一起,根据不同的区域设置传递不同信息,来满足消费者对不同口味的需求。

三、活动的目的及意义

让芬×饮料的消费人群体验芬×品牌所传达的快乐生活的观念。在促销活动中,将利用丰富多彩的形式让现场观众充分感受到芬×与社区生活是紧密相关的,同时通过"畅饮芬×、欢乐笑园"的主题活动为他们带来一种健康向上、积极乐观的良好心态,以此表达对社区民众的关爱,拉近与年轻消费群体之间的距离,提高品牌亲和力。

在各大社区内举办的多样化的产品促销活动,会更有利于促进年轻消费群体对产品内涵及价值理念的进一步关注。通过将芬×饮料以奖品形式赠予参加者的方式,使消费群体在潜移默化中接受品牌宣传,熟悉品牌种类及口味。在多种促销公共关系活动的欢乐氛围下,芬×汽水崇尚快乐生活的产品形象也在不知不觉中深入人心。

四、活动目标

(一)总体目标

此次活动的最终目的是使芬×在××学院树立良好的形象,将企业的有关信息及时、准确、有效地传递给××学院的学生,为企业树立良好的形象,创造积极的舆论氛围,提高企业的知名度、美誉度。

(二)具体目标

实现社群粉丝新增:500人。

活动门店人流:3000人。

线下销量:500箱。

线上销量:300箱。

五、公共关系战略

(一)公共关系对象

此次活动对象是××学院的在校学生,年龄集中在18岁至25岁。芬×的宣传力度大,涉及范围广,各种传播媒体都已涉及,其中以电视广告和网络广告为主,大大提升了企业的品牌知名度和影响力。随着科技的发展,广播广告近年来的影响力度逐年降低,因此有必要在学校中进行促销公共关系策划，以进一步提升芬×在大学生群体中的品牌知名度。

（二）公共关系地区。

芬×在当地具有很高的品牌知名度，无形中成为一种年轻时尚的象征。目前，芬×在国内高校已占有很大的市场份额，但在活动举办当地，仍有一小部分人群未曾接触过芬×或喜爱程度不高，这说明芬×在本地区仍有一定的发展空间。大学生群体喜欢刺激，崇尚时尚，追求个性与品位，有较强的品牌意识，芬×是一种碳酸饮料且品牌气质时尚活泼，正符合大学生消费群体的消费理念。

六、公共关系策略

（一）时间

时间为×年×月×日—×年×月×日。

（二）地点

地点为×××××。

（三）主题

主题为"畅饮芬×、欢乐笑园"。

（四）活动内容及宣传方式

1. 前期宣传

在该市的市场广告宣传，应该具有明确的广告战略，一个重要的战略目标就是建立、保持产品和企业的品牌形象。高校市场上的广告诉求点应该具有针对性，而这主要依赖于高校学生群体的消费习惯和购买行为。

同时也应注意到社区广告媒介的灵活性和特殊性。在该市的市场除了具有社区民众阅读率比较高的传统媒体（如报纸或周刊），还有特殊的媒介工具，如社区海报、宣传单、网络交友平台等。

（1）广告宣传。

前期会在各栋社区公寓楼门口的宣传栏，以及各个寝室楼栋的公告栏处进行宣传，北区大学生活动中心楼下设立一张醒目的展示牌，各个社区楼栋下张贴同样的海报。海报内容："'芬×笑园'广告微电影展"。

（2）在社区广播室进行活动宣传广播。

提前预约大概容纳人数为40人的场地。播放电影前，大力宣传此次活动的目的和概况，观看过程中邀请观众填写一份调查问卷。电影放映结束，活动工作人员在统计问卷中随机抽取10份，每人奖励一箱芬×饮料。至此，活动结束。

（3）征集"畅饮芬×，我的笑园生活"视频或照片。

向全校学生征集关于他们喝可口可乐时的视频资料，经活动工作人员评选，公布最佳创意视频和照片。

（4）举办"畅饮芬×，我的笑园生活"快乐分享活动。

提前与社区××广场联系,由社区管委会支持组织此次活动。在活动中心提前一周展出宣传报,欢迎广大社区群众踊跃参与。活动举办过程中,先展出评选出的"畅饮芬×,我的笑园生活"创意视频和照片,然后由主持人邀请获奖社区群众分享视频、照片中反映的大学生活趣事,并为获奖者发放奖品,最后随机抽取现场观众,每人奖励一瓶芬×饮料。

2. 公共关系

(1)优惠券发放活动。

现场发放满减优惠券,提升民众购买意愿。

(2)企业家讲座。

宣传企业文化和企业理念,增强融洽度、增加认同感。

(3)组织企业实地参观和动手实践。

通过实地的参观实践使民众对品牌产生感性的认识,开阔视野,增强民众与企业的联系。

七、媒体策略

媒体策略主要介绍宣传媒体的分配规划(包括媒体分配、地理分配、时间分配、内容分配)、组合方式,一般用表格形式表示,媒体分配规则如表3-2所示。

表3-2 媒体分配规则

媒体名称	租用时间	宣传内容	规 格	注意事项
抖音	企业号(长期)	产品宣传	1条短视频/日	
快手	企业号(长期)	活动宣传	1条短视频/日	
微信视频号	企业号(长期)	产品宣传	1条短视频/日	
校园显示屏	×年×月×日	活动宣传	1条/小时	

八、公共关系预算方案

(略)

(根据网络资料整理)

任务实施

·明确工作任务

根据前述任务背景和知识链接,为"柳新"螺蛳粉撰写一份日常促销公共关系活动策划书。

· 实施步骤

一、明确工作任务，工作计划

小组成员一起，根据公共关系活动策划任务的工作内容与要求以及完成时间，制定一份自己小组的工作计划，并填写表3-3。

表3-3　公共关系活动策划工作计划

策划小组：　　　　　　　　　　　　　　　　　　　制定时间：　　年　月　日

工作内容	工作方法	负责人	完成时间	完成标准	备注

二、依据工作目标，分步骤实施工作计划

步骤一，分析活动背景，收集促销公共关系活动策划所需的信息。小组成员查阅资料并讨论，拟定收集信息的种类、对象、收集方法、分工，收集信息的标准、时间要求、注意事项等，分析企业品牌形象的现状和目标任务，形成一份背景分析简报。

步骤二，策划小组成员一起，采用头脑风暴法，集思广益，形成公共关系活动策划方案。方案应包括简要介绍策划书项目的由来、公共关系活动主题思想、社会背景、市场状况与形象分析、促销公共关系目标体系、媒体策略、活动方案（日程安排、活动布置）、公共关系预算方案及效果展望等内容。策划方案以书面形式完成。

步骤三，以小组为单位，展示、汇报公共关系活动策划方案。

任务评价

一、任务完成评价

任务完成情况评价满分为100分。其中，作品文案为85分，提案（展示陈述）为15分。企业评价占比为40％，教师评价占比为40％，学生互评占比为20％，填写表3-4。

表3-4　任务完成评价表

评价指标		分值	企业评价	教师评价	学生互评	得分
作品文案	公共关系分析的全面性与准确性	10分				
	公共关系策划目标清晰、明确	15分				
	公共关系策划的创意性	20分				
	公共关系活动主题的创意性	20分				
	公共关系活动方案内容的完整性	10分				
	公共关系活动设计的合理性、合法性	10分				
提案	PPT设计	5分				
	语言表达	5分				
	形象	3分				
	团队配合	2分				

二、个人表现评价

对个人在完成工作任务过程中的表现进行评价,侧重点在个人素质方面。按照优秀(5分)、良好(4分)、一般(3分)、合格(2分)、不合格(1分)五个等级进行评价。个人表现评价分为学生自评与小组成员互评,填写表3-5。

表3-5　个人表现评价表

素质点评价		得分
学生自评	团队合作精神和协作能力:能与小组成员合作完成项目	
	交流沟通能力:能良好表达自己的观点,善于倾听他人的观点	
	信息素养和学习能力:善于收集并借鉴有用资讯和好的思路想法	
	独立思考和创新能力:能提出新的想法、建议和策略	
小组成员互评1	团队合作精神和协作能力:能与小组成员合作完成项目	
	交流沟通能力:能良好表达自己的观点,善于倾听他人的观点	
	信息素养和学习能力:善于收集并借鉴有用资讯和好的思路想法	
	独立思考和创新能力:能提出新的想法、建议和策略	
小组成员互评2	团队合作精神和协作能力:能与小组成员合作完成项目	
	交流沟通能力:能良好表达自己的观点,善于倾听他人的观点	
	信息素养和学习能力:善于收集并借鉴有用资讯和好的思路想法	
	独立思考和创新能力:能提出新的想法、建议和策略	

续表

素质点评价		得分
小组成员 互评3	团队合作精神和协作能力：能与小组成员合作完成项目	
	交流沟通能力：能良好表达自己的观点，善于倾听他人的观点	
	信息素养和学习能力：善于收集并借鉴有用资讯和好的思路想法	
	独立思考和创新能力：能提出新的想法、建议和策略	
小组成员 互评4	团队合作精神和协作能力：能与小组成员合作完成项目	
	交流沟通能力：能良好表达自己的观点，善于倾听他人的观点	
	信息素养和学习能力：善于收集并借鉴有用资讯和好的思路想法	
	独立思考和创新能力：能提出新的想法、建议和策略	
小组成员 互评5	团队合作精神和协作能力：能与小组成员合作完成项目	
	交流沟通能力：能良好表达自己的观点，善于倾听他人的观点	
	信息素养和学习能力：善于收集并借鉴有用资讯和好的思路想法	
	独立思考和创新能力：能提出新的想法、建议和策略	

任 务 小 结

以小组为单位，分析本小组在促销活动方案策划工作过程中做得好的地方，以及存在的问题与不足，并提出改进方法。同时思考：

(1) 本策划案有哪些亮点？存在哪些不足？如何改进？

(2) 在完成本项目学习过程中，你学会了哪些分析和解决问题的方法？

(3) 在完成本项目学习过程中，你认为自己还有哪些地方需要改进？

扫码答题

理论知识练习

知 识 训 练

1.日常公共关系活动的主要形式有哪些？

2.公共关系调研的基本构成有哪些？

3.公共关系策划书撰写包括哪些元素？

技 能 训 练

根据企业专家和专业老师的评价结果与建议，以小组为单位，改进优化促销公共关系活动方案，并写出学习工作总结。

实战训练任务9
危机促销公共关系处理方案策划

任务分析

公共关系危机是公共关系学的一个较新的术语。它是指影响组织生产经营活动的正常进行,对组织的生存、发展构成威胁,从而使组织形象遭受损失的某些突发事件。公共关系中的危机事件往往具有不可预测性,这使得处理工作通常需要迅速反应,而不是经过精心策划和准备的。然而,有效的危机处理需要将责任性与服务性、程序化与非程序化、模式化与非模式化相结合。因此,处理公共关系危机通常遵循以下几个主要步骤。

一、收集危机信息

企业出现危机事件后,应及时组织专案人员迅速奔赴现场,收集现场信息,以便准确分析事故的原因,详细收集危机事件的信息,包括发生的时间、地点、原因、人员伤亡情况、财物方面的损失情况、事态的发展情况、控制措施,以及公众在事件中的反应情况,并调查受害公众、政府公众、新闻公众及其他相关公众在危机事件中的需求。

二、拟定公共关系危机处理对策

(一)针对企业内部的对策

在公共关系危机出现初期,企业应立即成立危机处理小组,确定组织对危机的处理态度,制定危机处理方案,并及时向外界通报事件原因、给受害者造成的损失、事态发展情况等相关信息。

(二)针对受害公众的对策

在处理危机事件时,企业应采取积极措施,主动与受影响的公众沟通,并提供全面的善后服务。这包括合理赔偿损失,以展现企业的责任感和对公众利益的尊重。

（三）针对新闻公众的对策

在危机发生时，最理想的处理方式是让组织的总负责人亲自出面，主动向新闻媒体提供准确和及时的信息。这包括公开且明确地表明组织的立场和态度，确保公众了解事件的最新进展。

（四）针对政府公众的对策

企业应迅速地、如实地、全面地向有关部门汇报危机事件的基本情况、动态信息、处理危机事件的方式方法和整改措施。

（五）针对合作公众的对策

及时地、坦诚地向合作公众（包括投资方、债权人、供应商及经销商等）通报危机事件情况、处理危机事件措施和切实可行的整改方案。如有必要，还应派人直接去各个单位进行面对面地沟通与解释。

此外，针对其他相关公众如社区公众、竞争对手等，也要制定出相应的工作方案，尽可能地全面消除危机事件的影响。

三、形成公共关系危机处理方案

（一）信息收集、梳理和分析

在展开策划之前，进行详尽的信息收集、梳理和分析工作至关重要。这包括以下几点。

（1）现场信息收集分析：对危机发生现场的情况进行详细记录和分析。

（2）企业背景状况分析：评估企业当前的状况，包括历史、文化、政策和运营状况。

（3）受害大众背景情况分析：了解受影响群体的具体情况，包括他们的需要、期望和可能的反应。了解不同群体在危机事件中的要求，包括受害公众、政府公众、新闻媒体及其他相关利益相关者。

（二）制定危机公共关系方案策划书

完成上面这些分析步骤后，形成一份背景分析简报，为策划小组提供决策支持。策划小组成员应共同参与，运用头脑风暴法集思广益，确定危机公共关系策略，并制定危机公共关系方案策划书。该策划书应包括以下内容。

（1）事件背景及分析：对危机事件的详细背景和当前状况进行分析。

（2）公共关系目标：明确公关活动的目标和预期成果。

（3）处理策略及应对对策：包括对内和对外的策略，以及具体的公共关系活动形式。

（4）策划方案应以书面形式完成，确保信息的准确性和可执行性。

（三）展示和汇报危机公共关系策划方案

以小组为单位，展示和汇报危机公共关系策划方案，确保所有相关人员对策略有清晰的理解和准备。

知识链接

一、企业危机生命周期理论

企业危机生命周期理论详细阐述了危机发展的五个阶段，每个阶段都有其特定的特征和应对策略。

（一）危机酝酿期

这个阶段是危机的潜伏阶段，通常是由于多种因素的累积和相互作用才会导致危机的发生。企业应通过风险评估和管理，识别潜在的危机因素，并采取措施防止其继续发展。

（二）危机爆发期

危机一旦爆发，会对企业的运营和声誉造成直接影响。企业需要迅速识别危机的性质，评估影响，并启动应急预案。

（三）危机扩散期

危机可能会迅速蔓延到其他领域，影响企业的多个方面。企业应采取措施控制危机的扩散，减少进一步的损害。

（四）危机处理期

这是危机管理的关键时期，需要专业的危机管理团队来处理危机。企业应采取有效的沟通策略，与所有利益相关者进行透明和及时的沟通。

（五）处理结果与后遗症期

危机处理后，企业需要评估处理的效果，并从中吸取经验教训。如果处理不当，危机可能再次出现，企业应持续监控并准备应对可能的新一轮危机。

二、危机公共关系5S原则

危机公共关系5S原则是危机管理中的重要指导原则。

（一）承担责任原则

企业应主动承担责任，不回避问题，展现出负责任的态度。

（二）真诚沟通原则

企业应与公众和媒体进行真诚、透明的沟通，建立信任。

（三）速度第一原则

企业应对危机的响应速度至关重要，快速反应有助于控制危机的影响。

（四）系统运行原则

危机管理需要系统化的方法，确保所有相关措施协调一致。

（五）权威证实原则

企业应寻求第三方权威机构的验证和支持，以增强公信力。

三、危机公共关系的处理策略

（一）单枪匹马快速处理策略

单枪匹马快速处理策略是指依靠企业自身的力量，迅速识别和解决问题。

（二）协商处理策略

协商处理策略是指与受影响的利益相关者进行协商，寻求共识。

（三）依托处理策略

依托处理策略是指利用外部资源和支持，共同应对危机。

（四）利益倾斜处理策略

利益倾斜处理策略是指通过满足受影响公众的利益需求来缓解危机。

（五）情谊联络处理策略

情谊联络处理策略是指加强与公众的情感联系，提升企业的亲和力。

（六）亡羊补牢处理策略

亡羊补牢处理策略是指在危机过后企业进行彻底的审查和改进,防止类似事件再次发生。

危机公共关系后续改进管理工作强调在危机平息后,进行彻底的评估和改进,以提升企业的危机管理能力。

此外,新媒体公共关系危机管理需要特别注意新媒体的特点,如信息传播的快速性和公众互动性。企业应建立预警系统,加强监测,制定应急预案,并增强全员的新媒体安全意识。

他山之石

"张××"旅游景区形象受损公共关系处理方案

一、公共关系背景

（一）张××整体形象受损

张××是中国重要的旅游景区之一,但近期网络上却流传着对其形象不利的说法。张××崇山峻岭,自然奇特,但文化享受较少,所开辟的某些旅游景点有些名不副实,舆论不乏有负面评论,这对张××整体形象有所损害。

（二）面临的问题

虽然这样的网络评论并非出自官方媒体,但在民众间广泛流传,导致人们觉得去这些景点旅游观赏没有获得应有的愉悦体验,特别是部分新开发的自然景观,相较于景区内的其他景点,缺乏新意。这些舆论对张××的形象产生了很大的负面影响,景区面临着严峻的形势。

（三）事态发展

张××景区在国内外有很高的知名度,环境优美。面对负面舆情,景区迅速做出行动,提出可行性的方案并组织专家讨论,力求积极化解这次公共危机。

（四）机会分析

通过此次危机可以更好地宣传张××景区,让更多的消费者重新认识张××。

二、危机处理对策

（一）政府公众对策

邀请政府环保部门和学者专家对景区环境进行鉴定。

157

（二）新闻公众对策

与政府部门联合召开新闻发布会和记者招待会。

（三）市场公众对策

设置大奖，通过微信公众号与游客进行互动，并邀请一些特定群体免费来度假，并对前后的身体状况做出检测。

（四）企业内部对策

进一步改善景区环境，提高消费者消费质量。

三、公共关系危机实施方案

（一）如实宣传策略

（略）

（二）召开新闻发布会

1.时间

时间为××年×月×日。

2.地点

地点为张××旅游景区。

3.活动流程

（1）会场布置。

①门前放置会场名称的展架，由工作人员引导出席者入会场。

②会场接待前台设置礼仪小姐。

③会场周围设置符合会场主题的展架，并对产品和企业进行简单介绍。

④主席台以山水气息为装饰风格，并设置主办方Logo。

⑤主席台后设置多功能屏幕，方便播放山水宣传片。

⑥会场设置舒适的桌台，配有酒水、点心。

⑦设置媒体拍摄专区。

（2）会议流程。

①接待来宾、嘉宾、媒体等，进行签到。

②引导来宾入场、入座。

③播放山水宣传短片及景区历史沿革短片。

④语音引导园区领导演讲致辞。

⑤播放主题宣传片，引出下一位嘉宾演讲。

⑥播放短片引出对景区有争议的新开发景观的介绍以及近年来生态变化情况。

⑦通过震撼的短片引出对自然环境保护的倡议。

⑧语音引导主要领导上台举行启动仪式。

⑨请摄影师摄影留念。

⑩语音引导到场嘉宾到虚拟现实体验台体验新产品功能。

四、发布会结束后的公共关系策略

(一)情谊联络策略

主题:邀请特定群体来度假。

时间:×年×月×日至×年×月×日。

地点:张××旅游景区。

(二)活动流程

1.活动宣贯

(1)在各社区、敬老院派发传单。

(2)与大型企事业单位工会签约,抽取退休职工名额享受度假活动。

(3)电视广告位宣传。

2.活动执行

(1)入园策划,妥善安排接机、住宿、膳食服务。

(2)规划景点游览讲解,重点讲解新开发景观的规划原因和发展沿革。

(3)观赏情景剧,使景点故事深入人心。

3.活动跟进

(1)赠送门票优惠券。

(2)定期推出免费"吸氧"套餐。

五、企业改进管理工作

(1)未雨绸缪,增加日常景点公共关系宣传。

(2)多开展促销活动,拉近与公众之间的距离。

(3)制定公共关系预警机制,做好应急预案。

(根据网络资料整理)

任务实施

·明确工作任务

根据前述任务背景和知识链接,为"柳新"螺蛳粉撰写一份危机促销公共关系活动策划书。

·实施步骤

实施步骤共分六步,见图3-2。

```
┌─────────────────────────┐
│   成立临时危机公关处理小组   │
└─────────────────────────┘
            │
            ▼
┌─────────────────────────┐
│    公关危机事件背景调查     │
└─────────────────────────┘
            │
            ▼
┌─────────────────────────┐
│   根据特征制定危机处理计划   │
└─────────────────────────┘
            │
            ▼
┌─────────────────────────┐
│     实施危机处理对策       │
└─────────────────────────┘
            │
            ▼
┌─────────────────────────┐
│   公司内部总结，提出改进措施  │
└─────────────────────────┘
            │
            ▼
┌─────────────────────────┐
│   进行正面报道，挽回企业形象  │
└─────────────────────────┘
```

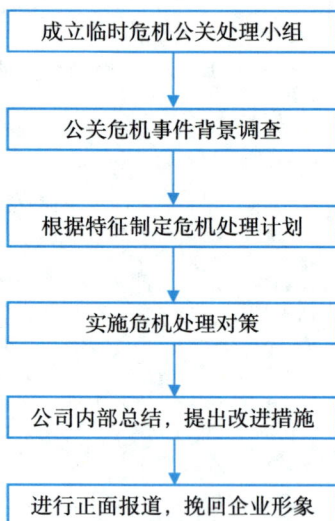

图 3-2　危机促销公共关系处理策划流程

一、明确工作任务，工作计划

小组成员一起，根据危机公共关系活动策划任务的工作内容与要求以及完成时间，制定一份自己小组的工作计划，并填写表3-6。

表3-6　公共关系活动策划工作计划

策划小组：　　　　　　　　　　　　　　　　　制定时间：　　　年　　月　　日

工作内容	工作方法	负责人	完成时间	完成标准	备注

二、依据工作目标，分步骤实施工作计划

步骤一，分析活动背景，收集危机公共关系策划所需的信息。小组成员查阅资料并讨论，拟定收集信息的种类、对象、收集方法、分工，收集信息的标准、时间要求、注意事项等，分析危机事件，形成一份背景分析简报。

步骤二，策划小组成员一起，采用头脑风暴法，集思广益，形成危机促销公共关系策划方案。方案应包括事件背景、事件分析、公共关系目标、处理策略、公共关系

活动形式、活动大致方案等内容。策划书将以书面形式完成。

步骤三，以小组为单位，展示、汇报危机促销公共关系策划方案。

任务评价

一、任务完成评价

任务完成情况评价满分为100分。其中，作品文案为85分，提案（展示陈述）为15分。企业评价占比为40％，教师评价占比为40％，学生互评占比为20％，填写表3-7。

表3-7　任务完成评价表

	评价指标	分值	企业评价	教师评价	学生互评	得分
作品文案	公共关系分析的全面性与准确性	10分				
	公共关系策划目标清晰、明确	15分				
	公共关系策划的创意性	20分				
	公共关系活动主题的创意性	20分				
	公共关系活动方案内容的完整性	10分				
	公共关系活动设计的合理性、合法性	10分				
提案	PPT设计	5分				
	语言表达	5分				
	形象	3分				
	团队配合	2分				

二、个人表现评价

对个人在完成工作任务过程的表现进行评价，侧重点在个人素质方面。按照优秀（5分）、良好（4分）、一般（3分）、合格（2分）、不合格（1分）五个等级进行评价。个人表现评价分为学生自评与小组成员互评，填写表3-8。

表3-8　个人表现评价表

素质点评价		得分
学生自评	团队合作精神和协作能力：能与小组成员合作完成项目	
	交流沟通能力：能良好表达自己的观点，善于倾听他人的观点	
	信息素养和学习能力：善于收集并借鉴有用资讯和好的思路想法	
	独立思考和创新能力：能提出新的想法、建议和策略	
小组成员互评1	团队合作精神和协作能力：能与小组成员合作完成项目	
	交流沟通能力：能良好表达自己的观点，善于倾听他人的观点	
	信息素养和学习能力：善于收集并借鉴有用资讯和好的思路想法	
	独立思考和创新能力：能提出新的想法、建议和策略	
小组成员互评2	团队合作精神和协作能力：能与小组成员合作完成项目	
	交流沟通能力：能良好表达自己的观点，善于倾听他人的观点	
	信息素养和学习能力：善于收集并借鉴有用资讯和好的思路想法	
	独立思考和创新能力：能提出新的想法、建议和策略	
小组成员互评3	团队合作精神和协作能力：能与小组成员合作完成项目	
	交流沟通能力：能良好表达自己的观点，善于倾听他人的观点	
	信息素养和学习能力：善于收集并借鉴有用资讯和好的思路想法	
	独立思考和创新能力：能提出新的想法、建议和策略	
小组成员互评4	团队合作精神和协作能力：能与小组成员合作完成项目	
	交流沟通能力：能良好表达自己的观点，善于倾听他人的观点	
	信息素养和学习能力：善于收集并借鉴有用资讯和好的思路想法	
	独立思考和创新能力：能提出新的想法、建议和策略	
小组成员互评5	团队合作精神和协作能力：能与小组成员合作完成项目	
	交流沟通能力：能良好表达自己的观点，善于倾听他人的观点	
	信息素养和学习能力：善于收集并借鉴有用资讯和好的思路想法	
	独立思考和创新能力：能提出新的想法、建议和策略	

任 务 小 结

　　以小组为单位，分析本小组在危机促销公共关系处理方案的策划工作过程中做得好的地方，以及针对危机事件进行事后反思，分析团队方案存在的问题与不足，并提出改进方法。同时思考：

（1）本策划案有哪些亮点？存在哪些不足？如何改进？

（2）在完成本项目学习过程中,你学会了哪些分析和解决问题的方法？

（3）在完成本项目学习过程中,你认为自己还有哪些地方需要改进？

扫码答题

理论知识练习

知 识 训 练

1.什么是公共关系危机？

2.误解性危机包含哪些内容？

3.危机公共关系的后续改进工作有哪些？

4.企业公共关系危机的生命周期理论分为哪几个阶段？

5.危机公共关系的5S原则有哪些？选择一个原则详细描述其内容

技 能 训 练

根据老师和企业专家的意见,对危机促销公共关系策划书进行修改。

参 考 文 献

[1] 姜玉洁，李茜，郭雨申.促销策划[M].北京：北京大学出版社，2011.

[2] 朱华锋.促销活动策划与执行[M].合肥：中国科学技术大学出版社，2023.

[3] 徐惠坚，田淑波，向艳智.促销管理实务[M].北京：科学出版社，2019.

[4] 吴加录.成为公关高手[M].北京：机械工业出版社，2019.

[5] 张晓慧，石坚.企业危机公关[M].南京：南京大学出版社，2018.

[6] 霍骁勇，徐疃.广告学原理与实务[M].湖南：湖南师范大学出版社，2017.

[7] 秋叶.新媒体文案创作与传播[M].北京：人民邮电出版社，2019.

[8] 刘春雄.新营销[M].北京：中华工商联合出版社，2018.

华中科技大学出版社
http://press.hust.edu.cn

华中科技大学出版社
http://press.hust.edu.cn

华中科技大学出版社
http://press.hust.edu.cn

华中科技大学出版社
http://press.hust.edu.cn

华中科技大学出版社
http://press.hust.edu.cn

华中科技大学出版社
http://press.hust.edu.cn

教学支持说明

为了改善教学效果,提高教材的使用效率,满足高校授课教师的教学需求,本套教材备有与纸质教材配套的教学课件(PPT)和拓展资源(案例库、习题库等)。

为保证本教学课件及相关教学资料仅为教材使用者所得,我们将向使用本套教材的高校授课教师赠送教学课件或者相关教学资料,烦请授课教师通过电话、邮件或加入财经商贸类专家俱乐部QQ群等方式与我们联系,获取"电子资源申请表"文档并认真准确填写后发给我们,我们的联系方式如下:

地址:湖北省武汉市东湖新技术开发区华工科技园华工园六路

邮编:430223

电话:027-81321911

E-mail:lyzjjlb@163.com

财经商贸类专家俱乐部QQ群号:824887394

财经商贸类专家俱乐部QQ群二维码:

群名称:财经商贸类专家俱乐部
群　号:824887394